Collana
Ekklesia
4

Progetto grafico
Elisa Agazzi

Foto di copertina
AP Photo/Giulio Broglio

Per informazioni sulle opere pubblicate
e in programma rivolgersi a:

Edizioni Terra Santa
Via G. Gherardini 5 - 20145 Milano (Italy)
tel.: +39 02 34592679 fax: +39 02 31801980
http://www.edizioniterrasanta.it
e-mail: editrice@edizioniterrasanta.it

RICCARDO BURIGANA

La Pace di Assisi

27 ottobre 1986.
Il dialogo tra le religioni
trent'anni dopo

edizioni
terra santa

Proprietà letteraria riservata
Fondazione Terra Santa - Milano

Finito di stampare nel settembre 2016
da CPZ S.p.A., Costa di Mezzate (Bg)
per conto di Fondazione Terra Santa
ISBN 978-88-6240-427-3

INDICE

PREFAZIONE

Andrea Riccardi
Fondatore della Comunità di Sant'Egidio

Questo libro di Riccardo Burigana ripropone il tema della preghiera delle religioni per la pace, inaugurata da Giovanni Paolo II ad Assisi nel 1986. Lo fa con un titolo suggestivo: *La Pace di Assisi*. Infatti la "pace di Assisi" rappresentò una svolta nel dialogo tra cristiani e religioni: non solo si passò dagli incontri bilaterali tra esponenti religiosi a un tipo di riunione diversa, ma segnò l'inizio di una storia differente. È una svolta così significativa che, nel settembre 2016, papa Francesco torna a ricordarla ad Assisi e la rilancia nello scenario difficile e conflittuale del mondo contemporaneo.

L'Autore ne individua le radici per quel che riguarda la Chiesa Cattolica nel pontificato di Paolo VI e ne segue gli sviluppi fino al 1986 e successivamente. Occorreva farlo nel trentesimo anniversario, non solo per ricordare un grande fatto storico come fu quello del 1986, ma per ripercorrere la dinamica che quell'evento innestò, infine per chiedersi se quella dinamica continua oggi, se lo "spirito di Assisi" ha una sua forza incisiva ai nostri giorni. C'è bisogno, infatti, in questo nostro mondo abitato dalla violenza legata alla religione, di riflettere sulla forza di pace delle religioni stesse.

Giovanni Paolo II volle l'evento del 1986 con grande decisione, nonostante i dibattiti forti in Curia. Ricordo che, nell'estate di quell'anno, a Castelgandolfo mi disse, considerando i mesi

a venire, come la preghiera di Assisi fosse il grande momento
verso cui si dovevano volgere energie e invocazioni. Non è tanto
importante discutere qui da dove venisse l'idea: l'ha già fatto
egregiamente Claudio Bonizzi ne *L'icona di Assisi*[1]. Si deve sottolineare però il clima culturale degli anni Ottanta: non sempre
e ovunque le religioni erano considerate una forza di pace, anche
perché se ne constatava il declino sotto la pressione della secolarizzazione. Giovanni Paolo II vedeva invece la vitalità delle
religioni e del religioso, come si poteva già notare nel mondo
musulmano (si pensi al trionfale ritorno di Khomeini in Iran
nel 1979) ma anche altrove. Era convinto che esistesse una forza pacifica connessa alla fiducia in Dio, alla preghiera, all'atteggiamento religioso dei credenti. Bisognava farla esprimere
sullo scenario internazionale, liberandola dai vincoli di orizzonti
piccoli, conflittuali e condizionanti. Inoltre – non va dimenti-
cato – il Papa era preoccupato di come la "battaglia" della pace
fosse, in quel periodo, gestita ideologicamente dai paesi dell'Est
e dall'Unione Sovietica. Per una complessità di motivi bisognava
riprendere l'iniziativa. E l'iniziativa fu la preghiera per la pace
del 1986: la pace di Assisi.

Tra le tante opposizioni, tra cui quella di Divo Barsotti e del
card. Biffi, si stagliano le perplessità del card. Ratzinger, che
non fu presente alla preghiera del 1986 e che fece giungere,
sino all'ultima ora, rilievi critici sull'impostazione di Assisi e
sui discorsi preparati per il Papa: erano osservazioni impernia-
te sull'idea di un cedimento al relativismo religioso, cui faceva
da contrappeso – impropriamente, secondo il futuro Benedetto XVI – la presentazione del Papa come leader delle religioni. Lo stesso Ratzinger fu invece presente alla preghiera del
2002, dopo l'11 settembre, e si disse contento dell'incontro.
Non solo, ma volle lui stesso ricordarlo in occasione del ven-

---

[1] Cfr. C. BONIZZI, *L'icona di Assisi nel magistero di Giovanni Paolo II*, Assisi
2002, pp. 57 ss.

ticinquesimo, venendo ad Assisi e partecipando a un evento la cui realizzazione era stata direttamente seguita e controllata. Dall'edizione ratzingeriana di Assisi venne espunta ogni possibile impressione che si pregasse insieme; ma anche in questo caso non mancarono sbavature, che potevano far pensare a forme di sincretismo.

Tuttavia il fatto fondamentale – come sottolinea Burigana – è che l'atteggiamento del Ratzinger prefetto della Dottrina della fede è differente da quello di Benedetto XVI, per cui ormai l'evento di Assisi è assunto dalla Chiesa Cattolica. Questo rivela un aspetto della trasformazione di Ratzinger divenuto Papa. Benedetto XVI, nel suo discorso ai leader religiosi raccolti nel 2006 a Napoli su invito della Comunità di Sant'Egidio, aveva parlato positivamente dell'evento di Assisi. Questo era un fatto storico e un patrimonio della storia della Chiesa e delle religioni. E Benedetto XVI, abitato da un profondo senso della Chiesa, lo riconosceva.

Infatti, la Giornata del 27 ottobre 1986, ripercorsa in questo libro, ebbe un impatto fuori dal comune anche nell'opinione pubblica: andò ben al di là del mondo cattolico, divenendo – non fosse che per l'immagine finale dei leader religiosi con il Papa – una delle grandi icone religiose del XX secolo, che si ritrova in tanti testi sul secolo passato. Non fu una giornata caratterizzata da discorsi o discussioni, negoziazioni o dialoghi, quanto dall'essere insieme nel silenzio e in un atteggiamento orante e pacifico: emerse con tutta evidenza «il legame intrinseco tra un atteggiamento autenticamente religioso e il grande bene della pace», come ebbe a dire Giovanni Paolo II.

L'evento generò reazioni negative e Giovanni Paolo II dovette difenderlo, collocandolo nella linea della recezione creativa del Concilio Vaticano II e in particolare della *Nostra aetate*. Ci fu paura per questo gesto creativo del Papa e per le sue conseguenze nell'opinione cattolica, quasi fosse una celebrazione del relativismo religioso, che induceva a pericolosi sbandamenti nella fede e nelle appartenenze. Il card. Biffi segnalò come gli fosse stato detto dai fedeli della sua diocesi[2] che ormai tutte le religioni erano uguali. Si polemizzò anche su atti sincretistici che sarebbero stati compiuti in quella giornata. In realtà, forse con qualche piccola eccezione, questi atti sincretistici furono – se ci furono – sostanzialmente irrilevanti e casuali. I video sull'evento e i discorsi, oltre che le testimonianze personali, lo mostrano con chiarezza.

L'interpretazione, anche di una buona parte di quanti avevano collaborato alla realizzazione della Giornata in Curia, fu che avrebbe dovuto restare un evento isolato nella sua grandezza. Una posizione che emerse, dieci mesi dopo il 27 ottobre 1986, in una riunione congiunta tra il presidente del Pontificio consiglio per la giustizia e la pace e il dicastero dell'ecumenismo e del dialogo interreligioso. In realtà papa Wojtyła aveva un'altra idea: da Assisi avrebbe dovuto nascere un movimento di pace che coinvolgesse le religioni e le facesse solidali nelle diverse situazioni del mondo. Era un'intuizione contenuta nel suo discorso finale di commiato, la sera del 27 ottobre:

«La pace attende i suoi profeti. Insieme abbiamo riempito i nostri sguardi con visioni di pace. Esse sprigionano energie per un nuovo linguaggio di pace, gesti che spezzeranno le catene fatali delle divisioni ereditate dalla storia o generate dalle moderne ideologie. La pace attende i suoi artefici… La pace è un cantiere aperto a tutti e non soltanto agli specialisti, ai sapienti e agli strateghi. La pace è una responsabilità universale. Essa passa attraverso mille piccoli atti della vita quotidiana. A seconda del loro modo quotidiano di vivere con gli altri, gli uomini scelgono a favore della pace o contro la pace».

In questa prospettiva, fin dal 1988, Wojtyła ha sempre visto gli incontri promossi dalla Comunità di Sant'Egidio, di anno in anno, nelle diverse città del mondo, come una continuazione di Assisi 1986: ogni anno ha voluto inviare una sua lettera con un

---

[2] Bologna (*ndr*).

messaggio e desiderato che un cardinale lo rappresentasse; ha ricevuto i responsabili prima di ogni incontro e visionato personalmente la lista dei partecipanti[3]. Lo spirito di Assisi non si doveva fermare. Del resto, dopo la caduta del Muro, il Papa disse una volta a padre Duprey, grande artefice dell'ecumenismo conciliare e postconciliare: «Non abbiamo pregato invano ad Assisi per la pace!».

Il movimento di Assisi è passato attraverso tanti atti e momenti della vita quotidiana, piccoli e grandi nella storia. Le famiglie francescane, in tanti luoghi del mondo, sono state nel cuore di questo processo pacifico nell'incontro con uomini e donne di religioni diverse. Si potrebbero fare molti esempi. Non si spiega, ad esempio, il gesto della partecipazione dei musulmani alla messa in Francia e in Italia – il 31 luglio 2016, dopo il brutale assassinio di padre Jacques Hamel per mano di un giovane terrorista islamista – senza lo sviluppo dello spirito di Assisi nel tessuto delle nostre società con la creazione di legami interreligiosi. Sarebbe anzi necessario scrivere una storia della recezione dello spirito di Assisi, vissuta come capacità di incontro e di prevenzione della violenza interreligiosa e interetnica. Ho presente, a questo proposito, qualche episodio avvenuto in Africa.

Ma c'è un altro esempio toccante, quello dei trappisti di Tibhirine in Algeria, martiri dell'amore e del dialogo in terra musulmana. Mirella Susini ha ricostruito il dialogo che si svolgeva tra cristiani e musulmani attorno al monastero algerino[4]. Ebbene, da una ricca documentazione, emerge come l'evento di Assisi fosse un "modello" per gli incontri amicali

---

[3] J. D. DURAND, Lo "Spirito di Assisi", Milano 2004, ricostruisce la vicenda degli incontri organizzati dalla Comunità di Sant'Egidio e pubblica i messaggi di Giovanni Paolo II fino al 2003, nonché gli appelli firmati dai leader religiosi alla fine degli incontri. Si veda pure COMUNITÀ DI SANT'EGIDIO, Lo spirito di Assisi, Cinisello Balsamo 2011.

[4] M. SUSINI, Cercatori di Dio. Il dialogo tra cristiani e musulmani nel monastero dei martiri di Tibhirine, Bologna 2015, pp. 166 ss., pp. 171 ss., pp. 195-197.

e dialogici del monastero. Non mancano riferimenti al prosieguo delle riunioni nello spirito di Assisi e non si può non ricordare la partecipazione dello stesso priore, frère Christian de Chergé, all'incontro di Bruxelles nel 1992, quando la situazione algerina diveniva particolarmente difficile. Nella vicenda dei monaci di Tibhirine si vede bene il legame tra martirio e dialogo, tra martirio e spirito di Assisi, che rappresentava un tornante importante per chi investiva tanto nell'incontro con il mondo islamico.

La recezione dello spirito di Assisi è andata a fondo nel mondo cristiano ma, per alcuni aspetti, ha fornito ispirazione e modelli anche ad altri mondi religiosi. Infatti risponde a una domanda profonda che ha percorso l'ultimo decennio del XX secolo e questi primi anni del XXI: come vivere insieme tra gente di religione diversa? Alcune terre di convivenza secolare conoscono da tempo profonde tensioni: dal Medio Oriente all'Africa e all'India, solo per fare alcuni esempi. L'immigrazione di massa ha creato, anche in paesi dove si viveva in condizione di omogeneità religiosa, inedite convivenze tra comunità di religione differente. Come vivere insieme?

Inoltre lo spaesamento indotto dalla globalizzazione ha provocato processi di radicalizzazione che hanno un punto di forza nel contrasto con l'"altro". Nella contrapposizione, crescono le più diverse forme di radicalismo. Non esiste un linguaggio consolidato dell'incontro tra mondi religiosi differenti, prevalgono allora gli stereotipi dello scontro inevitabile – riproposti dagli anni Novanta come interpretazione onnicomprensiva della storia dallo studioso americano Samuel Huntington – o colpevolizzazioni di una comunità o addirittura una religione per il comportamento di singoli o gruppi. Mancano anche modelli "popolari" per imparare a vivere insieme nella realtà quotidiana, mentre esiste un arsenale di pregiudizi che fondano contrapposizioni inevitabili.

La globalizzazione e la deterritorializzazione delle religioni hanno molto cambiato i rapporti tra di esse, talvolta ingenerando conflittualità e incomprensioni[5]. Tali conflitti sembrano fornire elementi importanti per giustificare la teoria dello scontro tra le civiltà e le religioni che, se ha avuto nei testi dello studioso americano una sua sistematizzazione, è tuttavia una spiegazione riaffiorante e semplicistica di fronte alla complessità dello scenario mondiale. In realtà lo spirito di Assisi, la sua pratica e la sua diffusione, sono stati la risposta religiosa, concreta e culturale alla diffusione dell'ideologia dello scontro di civiltà a vari livelli: nel mondo cristiano e nei rapporti tra le religioni. Infatti l'icona di Assisi, per così dire, è quella degli uni accanto agli altri in un atteggiamento di pace, non più – come disse Giovanni Paolo II – gli uni contro gli altri. Se ne ritrova la forza e la suggestione anche innanzi alla blasfema radicalizzazione della violenza che strumentalizza i simboli religiosi per fomentare terrorismo e conflitto.

L'essere insieme fa emergere la carica di pace che esiste nel profondo di ciascuna tradizione religiosa[6]. Scriveva Pietro Rossano, un vescovo che ha dato un grande contributo all'incontro delle religioni, invitando i leader e i fedeli delle varie comunità a sviluppare «una solida e durevole cultura della pace»:

«Ogni religione, quando esprime il meglio di sé, tende alla pace. Siamo consapevoli che la religione in se stessa è una forza debole. È aliena dalle armi. Alle molte parole, preferisce il silenzio per entrare in se stessi e diventare pensosi. Ma possiede la forza dello spirito che può renderla forte»[7].

L'incontro tra credenti di diverse religioni è una realtà che mette in discussione nuovi e antichi pregiudizi. Ma è, di per sé, un fatto esemplare per tutti i fedeli: mostra, insomma, un'este-

---

[5] Sulle trasformazioni indotte dalla globalizzazione nei differenti mondi religiosi, si veda, tra l'altro, O. ROY, *La sainte ignorance*, Paris 2008.

[6] Si veda il mio *Convivere*, Roma-Bari 2006.

[7] P. ROSSANO, "La responsabilità sociale degli uomini di religione", in *Mai più la guerra. War never again*, Milano 1990, pp. 20-23.

tica dell'incontro, una bellezza profonda dell'essere insieme, che la Giornata del 27 ottobre 1986 ha saputo evocare con molta efficacia. Bisogna essere grati a Riccardo Burigana che ci fa ritornare su quell'evento e riflettere sul suo impatto sulla storia e il futuro. Del resto, dopo la stagione in cui sembrava che la secolarizzazione spazzasse via le religioni, oggi ci troviamo invece in un tempo di diffusa religiosità talvolta indefinibile, talvolta associata alla violenza. In questo quadro, l'incontro nello spirito di Assisi, sia a livello di vita quotidiana che di evento, si propone come una via per ribadire il legame tra religioni e pace, ma anche per riaffermare come le religioni possano fondare in modo spirituale e umano il vivere insieme di genti diverse.

La Giornata del 27 ottobre 1986 rappresenta la novità di una svolta per la Chiesa Cattolica da una parte e, dall'altra, per il mondo delle religioni. In fondo, per il cattolicesimo, la logica dello scontro era prevalente fino alla metà del secolo scorso, con l'eccezione di minoranze. La bandiera ottomana, conquistata dalle potenze cristiane nella battaglia di Lepanto nel 1571 con la sconfitta della Sublime Porta, era conservata in Vaticano come un simbolo e, talvolta, veniva esibita. Paolo VI, nel 1965, alla fine del Vaticano II, decise di consegnarla alla Turchia. Fu un gesto attraverso cui papa Montini volle significare la svolta: una pagina di storia era finita. Non si dimentichi che Lepanto resta un simbolo per il cattolicesimo tradizionalista. Con il Concilio, cominciava la storia del dialogo, per fondare il vivere insieme e la pace. E quel 27 ottobre 1986, la "pace di Assisi", è il simbolo di questa nuova stagione.

INTRODUZIONE

«Sono tanti gli eventi, le iniziative, i rapporti istituzionali o personali con le religioni non cristiane di questi ultimi cinquant'anni, ed è difficile ricordarli tutti. Un avvenimento particolarmente significativo è stato l'Incontro di Assisi del 27 ottobre 1986. Esso fu voluto e promosso da san Giovanni Paolo II, il quale un anno prima, dunque trent'anni fa, rivolgendosi ai giovani musulmani a Casablanca auspicava che tutti i credenti in Dio favorissero l'amicizia e l'unione tra gli uomini e i popoli (19 agosto 1985). La fiamma, accesa ad Assisi, si è estesa in tutto il mondo e costituisce un permanente segno di speranza»: con queste parole papa Francesco ha voluto celebrare il 50° anniversario di *Nostra aetate*, il 28 ottobre 2015, in un'udienza che ha assunto una dimensione interreligiosa per la presenza di rappresentanti di comunità religiose che hanno voluto manifestare non solo la loro vicinanza a papa Francesco, ma anche confermare il comune impegno delle religioni nella condanna della violenza e nella costruzione della pace. In questo modo si è indicato, ancora una volta, il fine primario – per alcuni il solo fine – del dialogo interreligioso, cioè la condanna della violenza e la costruzione della pace.

Nel ricordare il 50° anniversario di *Nostra aetate* papa Francesco ha voluto fare memoria anche dell'incontro di preghiera delle religioni ad Assisi del 27 ottobre 1986, voluto da Giovanni Paolo II per aprire una nuova stagione nel dialogo tra le religioni, alla luce di quanto era stato discusso al Concilio Vaticano II. Negli anni della prima recezione del Concilio, grazie soprattutto ai gesti di Paolo VI, erano venute maturando nuove prospettive. Tuttavia l'iniziativa di Giovanni Paolo II era veramente una svolta che, pur richiamandosi al Vaticano II, delineava un nuovo orizzonte nel quale collocare il dialogo tra le religioni che erano chiamate a costruire insieme la pace, mantenendo la proprio identità.

In occasione del 30° anniversario dell'incontro di Assisi, che in tema di dialogo interreligioso ha segnato un "prima" e un "dopo" (come è universalmente riconosciuto da chi è a favore e da chi lo avversa), si è pensato che fosse opportuno provare a cimentarsi in una prima contestualizzazione storico-religiosa in modo da presentare le radici, le letture, le riletture e le attualizzazioni di una pagina di storia che ha dato, e continua a dare, tanti frutti: cominciare a conoscere questa pagina, in forma scientifica e non semplicemente esperienziale, costituisce un passo fondamentale per combattere pregiudizi e precomprensioni che creano barriere tra uomini e donne, impedendo la creazione dei ponti con i quali le religioni possono favorire la cultura dell'accoglienza.

In questa prima ricostruzione si è pensato di iniziare con un capitolo ("Alle fonti di Assisi. Il dialogo interreligioso al Concilio Vaticano II e la sua recezione") nel quale presentare il dibattito conciliare sulle religioni che, in parte, condusse alla redazione e alla promulgazione della dichiarazione *Nostra aetate* sulle religioni non cristiane. Benché il tema di come pensare alle altre religioni fosse affrontato anche in altri documenti del Vaticano II, era evidente che la dichiarazione *Nostra aetate* era destinata a giocare un ruolo fondamentale nella costruzione di un dialogo – a livello ufficiale – tra la Chiesa Cattolica e le altre fedi, dopo i primi passi compiuti da alcuni "pionieri". La promulgazione di *Nostra aetate* fu una scelta dei padri conciliari, ma fu possibile anche per l'intervento di Paolo VI che volle che il Vaticano II avesse un documento autonomo sulle religioni non cristiane; papa Montini aveva compreso quanto importante fosse questa scelta per favorire la stagione del "rinnovamento" della Chiesa, che egli vedeva alimentata e sostenuta dal recupero della categoria del dialogo, alla quale il Papa dedicò la sua prima enciclica *Ecclesiam suam* (il cui rilievo per i lavori conciliari e la vita della Chiesa, a mio avviso, non è ancora stato colto fino in fondo). A Paolo VI si deve anche l'istituzione di un Segretariato per le religioni non cristiane, nella Pentecoste del 1964, quando ancora non era definita la sorte del documento sulle religioni non cristiane in Concilio; con questo Segretariato, inserito stabilmente nella Curia, Paolo VI volle assicurare uno sviluppo del dialogo interreligioso, come apparve chiaro nella prima recezione del Vaticano II, quando gli interventi di Montini e le iniziative del Segretariato contribuirono ad alimentarne la stagione.

Il secondo capitolo ("Nella città di san Francesco. Giovanni Paolo II e l'incontro delle religioni ad Assisi") è dedicato alla celebrazione dell'incontro di Assisi che, nonostante i passi compiuti da Wojtyła nella linea indicata da Paolo VI, venne vissuto come qualcosa di totalmente nuovo fin dal suo annuncio; la forma e il contenuto dell'incontro di Assisi erano destinati a suscitare interessi e polemiche tra coloro che, da posizioni molto diverse, intuivano che con questa iniziativa il Pontefice poneva nuove questioni sul ruolo delle religioni nella società, dal momento che si rivendicava per esse il compito di costruire la pace. Nella valutazione, positiva o negativa, dell'incontro di Assisi, comune era il riferimento al Vaticano II, come se tutto fosse nato dal Concilio; indubbiamente l'esperienza di padre conciliare aveva avuto un peso nella decisione di Giovanni Paolo II di convocare questo incontro, anche se la sua intuizione andava ben oltre: essa nasceva infatti dalla considerazione che era maturata in lui alla luce dalla situazione internazionale, con due blocchi contrapposti che perseguivano la ricerca della supremazia militare come unica soluzione per la pace, mentre la corsa al riarmo era destinata in realtà a generare violenze, emarginazioni e povertà.

Con il terzo capitolo ("Da Assisi ad Assisi. La recezione dell'incontro e il ritorno ad Assisi") si vuole delineare il quadro di una prima recezione dell'incontro, partendo da due prospettive: da una parte si prendono in esame gli altri incontri nella città di san Francesco convocati da Giovanni Paolo II (soprattutto quello del 24 gennaio 2002), per riaffermare l'impegno delle religioni per la pace in un momento in cui il rumore delle armi sembrava soffocare la loro voce; dall'altra, accanto a qualche considerazione su come Giovanni Paolo II promosse in prima persona la recezione del primo incontro di Assisi, si parla della diffusione dello "spirito di Assisi", cioè dell'immagine con cui racchiudere l'idea che proprio da Assisi, città della pace, dopo il 1986 soffiasse un vento di pace e per la pace che nessuno poteva far tacere o imbrigliare.

Il capitolo successivo ("Celebrare Assisi. Benedetto XVI e i 25 anni di Assisi") è dedicato all'incontro "Pellegrini della verità, pellegrini della pace" (27 ottobre 2011) con il quale papa Benedetto XVI si è proposto di celebrare il 25° anniversario del primo incontro di Assisi, introducendo però alcuni elementi di novità: da un più diretto coinvolgimento di coloro che si dichiarano estranei alle religioni, alla condanna del pensiero che attribuisce alla religione la violenza. Questo incontro va collocato all'interno della riflessione sulla natura e sulle finalità del dialogo interreligioso di papa Ratzinger; per questo, si propone anche una lettura di alcuni passaggi di tale riflessione in modo da sfuggire la tentazione di leggerla alla luce del Ratzinger prefetto della Congregazione per la dottrina della fede. Il capitolo si conclude con la presentazione di un episodio della vita di san Francesco: l'incontro del Poverello con il sultano in Egitto, a Damietta, durante la V Crociata; in quell'occasione Francesco volle creare un dialogo senza rinunciare alla missione di annunciare il Vangelo, con uno stile di ascolto e di rispetto che costituisce un modello sempre vivo, che acquista una nuova luce grazie allo "spirito di Assisi".

Infine l'ultimo capitolo ("Da Assisi nel mondo. Papa Francesco e la cultura dell'accoglienza") prova a delineare quanto presente e vivo sia proprio lo "spirito di Assisi" in papa Francesco, il quale ha fatto di dialogo e pace due elementi centrali nel suo magistero. Vengono proposte alcune riflessioni sui passi del suo pontificato, sul viaggio ad Assisi (4 ottobre 2013) e poi sull'indizione del Giubileo della misericordia in un'ottica di promozione del dialogo tra le religioni per la costruzione della pace.

Nella redazione di questo volume, in parte anche per la complessità e le articolazioni del tema, si sono fatte delle scelte che nascono dalla convinzione che si debba partire dalle parole dei pontefici per cominciare a ricostruire questa pagina di storia, che ha avuto e ha un ruolo tanto importante nella vita della Chiesa. Proprio a partire da queste parole si è voluto delineare il ruolo dei papi, da Paolo VI a Francesco, nella promozione del dialogo tra la Chiesa Cattolica e le altre religioni, mettendo al centro la celebrazione dell'incontro di Assisi del 27 ottobre 1986 e la sua recezione. Nella ricostruzione di questa pagina di storia non si è voluto far riscorso ai ricordi di tanti che hanno preso parte agli incontri assisiati e che sono stati protagonisti, pur se a livelli diversi, della stagione del dialogo interreligioso; al tempo stesso non si è voluto fare una storia della partecipazione della Chiesa Cattolica al dialogo interreligioso, una storia della quale si avverte il fascino e il rilievo alla luce di qualche ricostruzione storico-religiosa su aspetti puntuali (anche se deve essere ancora scritta nel suo complesso). Non si è voluto fare, anche se è stata forte la tentazione, una storia dell'incontro di Assisi collocandola nell'orizzonte delle vicende del Segretariato/Pontificio consiglio per il dialogo interreligioso, che ha celebrato nel 2014 i suoi primi cinquant'anni.

Conoscere cosa è stato e cosa è l'incontro di preghiera delle religioni per la pace di Assisi è un passaggio fondamentale per comprendere le novità e le continuità di papa Francesco nella costruzione della cultura dell'accoglienza, fondata sull'ascolto e sul dialogo: condannare la violenza in quanto tale e denunciare i tentativi di giustificarla facendo ricorso alla religione, rappresentano solo il primo passo per vivere, nella quotidianità, lo "spirito di Assisi", uno spirito che cambia il mondo chiedendo alle religioni di essere protagoniste nella costruzione della pace. Per dare una luce all'oggi e una speranza al domani.

Anche nella redazione di questo volume ho contratto molti debiti, anche se solo io porto la responsabilità di ogni parola. Devo un grazie speciale a Giuseppe Caffulli per aver accolto questa mia proposta, così da proseguire una collaborazione che va avanti da tre anni con le Edizioni Terra Santa (con molta gioia da parte mia e nonostante i miei fastidiosi ritardi), e alla Fondazione Giovanni Paolo II, presieduta da mons. Luciano Giovannetti, che ha accompagnato il mio lavoro nel Centro Studi per l'Ecumenismo in Italia; devo molto anche a Elena Boaga e a Margherita Valenti per il loro prezioso aiuto nelle mie letture presso la biblioteca dell'Istituto di Studi Ecumenici a Venezia, dove insegno dal 2004. Nello scrivere questo libro sono emersi tanti ricordi dai miei colloqui con mons. Alberto Ablondi, soprattutto di quel viaggio verso Assisi il 24 gennaio 2002, ricordi che spero un giorno possano trovare una qualche forma scritta. A mio fratello Renato, che veglia su di me da 52 anni, devo giorni straordinari di preghiera, di ascolto, di condivisione là dove Gesù è nato, mentre a Giacomo Sergio, Silvio Valanzano e Luiz Carlos Luz Marques devo un ringraziamento particolare per aver imparato molto sulla coerenza del dialogo grazie alla loro amicizia. A Firenze, pochi giorni fa, mio padre, Giovanni Alessandro, mi ha parlato ancora una volta di dialogo e di pace, dicendomi di coltivare sempre la speranza del domani nel chiedere e nell'affidare ogni cosa al Signore: a mio padre che da oltre 25 anni vive il suo ministero diaconale nell'accogliere le sofferenze di chi incontra, dedico queste mie pagine, che ho potuto scrivere perché Eleonora, mia moglie, e Sara Jolanda, mia figlia, sono la luce che accompagna il mio vivere nel mondo.

Venezia, 24 maggio 2016

CAPITOLO I

ALLE FONTI DI ASSISI

Il dialogo interreligioso al
Concilio Vaticano II e la sua recezione

La celebrazione del Concilio Vaticano II, con la promulgazione della dichiarazione *Nostra aetate* sulle religioni non cristiane, e l'azione di Paolo VI a favore del dialogo con una serie di gesti durante e dopo il Concilio (dall'istituzione del Segretariato per i non cristiani alla promozione di un dialogo con le religioni, distinto da quello con il popolo ebraico), possono essere considerate le "fonti" dell'incontro di Assisi convocato da Giovanni Paolo II nel 1986; questi passi aprirono prospettive, posero questioni, sollecitarono passaggi con i quali la Chiesa Cattolica cercava di costruire un dialogo con le altre religioni per favorire una presentazione positiva in modo da superare pregiudizi e individuare un possibile terreno comune.

IL DIBATTITO SULLE RELIGIONI
AL CONCILIO VATICANO II

Il dialogo tra la Chiesa Cattolica e le altre religioni è stato uno dei temi sui quali più evidente è stato il ruolo del Concilio Vaticano II nella riformulazione dei suoi contenuti. Soprattutto alla luce della recezione del Vaticano II su questo tema, ci si potrebbe addirittura spingere fino a dire che il Concilio ha realmente aperto una nuova stagione, gettando dei semi che avrebbero dato frutto dopo la sua chiusura grazie all'opera dei pontefici e di tanti direttamente impegnati nel pieno coinvolgimento della Chiesa nel dialogo interreligioso[1]. Infatti, nel corso dei primi decenni del XX secolo, non erano mancate le esperienze di coloro che, all'interno della Chiesa Cattolica, avevano cominciato a ripensare alla natura delle altre religioni e a un possibile rapporto tra queste e il cristianesimo, in particolare rispetto al mondo islamico – come fu il caso di Louis Massignon (1883-1962)[2], solo per fare un nome –; le ragioni che avevano portato a questo ripensamento erano molteplici e non appartenevano esclusivamente alla Chiesa di Roma, ma coinvolgevano anche altre Chiese cristiane, tanto da poter dire che questa stagione per il dialogo interreligioso assunse una dimensione ecumenica. Nonostante il peso che queste esperienze, pur molte diverse tra loro, erano destinate ad avere, si trattava sempre di una minoranza circoscritta, considerata elitaria, percepita come qualcosa del tutto particolare. Forte era l'impressione che si potessero tollerare queste iniziative, come era stato nel passato per altre, ricordando sempre che rappresentavano delle eccezioni, che non

---

[1] Per una presentazione delle vicende storiche del Vaticano II, cfr. R. Burigana, *Storia del concilio Vaticano II*, Torino 2012. Questo volume appartiene alla stagione bibliografica fiorita in occasione del 50° anniversario dell'apertura del Concilio. La celebrazione del 50° della chiusura ha visto l'organizzazione di numerosi convegni e la pubblicazione di monografie, miscellanee e fonti; tra queste segnalo V. Carbone, *Il "Diario" conciliare di monsignor Pericle Felici*, a cura di A. Marchetto, Città del Vaticano 2015 e *Il concilio Vaticano II alla luce degli archivi dei padri conciliari*, a cura di Ph. Chenaux, Città del Vaticano 2015. Proprio la disponibilità di così tante e così nuove fonti ha riproposto la questione della redazione della storia del Vaticano II per una sua migliore comprensione alla luce delle nuove acquisizioni. Da questo punto di vista ha suscitato interesse l'annuncio della prossima pubblicazione di una "Storia del Vaticano II" scritta da Piero Doria, responsabile dell'Archivio conciliare, autore di alcuni significativi contributi in questi ultimi anni.

[2] Nella vasta letteratura su Massignon, cfr. *Louis Massignon, tra orientalismo e profezia*, a cura di P. Branca, Brescia 2013; di grande interesse per un inquadramento generale di alcune figure del dialogo rimane M. Borrmans, *Prophètes du dialogue islamo-chrétien: Louis Massignon, Jean-Mohammed Abd-el-Jalil, Louis Gardet, Georges C. Anawati*, Paris 2009.

dovevano toccare la missione della Chiesa, intesa come qualcosa che era chiamata a mostrare debolezze ed errori delle e nelle altre religioni. Accanto a queste esperienze, talvolta evocate negli stessi lavori conciliari, si era venuto sviluppando un dialogo quotidiano, là dove l'attività missionaria della Chiesa si accompagnava a un impegno sociale in difesa dei poveri, senza perdere di vista il compito dell'annuncio dell'Evangelo e la crescita delle comunità cristiane locali. Si era sviluppata una conoscenza diretta sul campo che aveva portato a iniziative e momenti di dialogo, superando così quei pregiudizi che avevano impedito questi incontri per tanto tempo[3]. Certamente entrambi non erano fenomeni del tutto nuovi nella storia del cristianesimo, ma assumevano valenze inedite alla luce delle vicende storiche e della riflessione teologica della prima metà del Novecento, quando l'avvio di un processo di decolonizzazione e la formulazione di una teologia più attenta alle fonti del cristianesimo nella sua totalità aveva aperto scenari nuovi nel rapporto tra cristianesimo, religioni, culture e società contemporanea.

Erano due aspetti destinati a esplodere in sede conciliare, dove il tema di se e come costruire un dialogo con le altre fedi comparve dopo l'apertura per una vicenda del tutto particolare, cioè le difficoltà incontrate dallo schema *De oecumenismo* a procedere mantenendo al suo interno un capitolo sugli ebrei. Questo capitolo era stato pensato e redatto fin dalla Fase preparatoria (1960-1962) come uno schema autonomo (*De Iudaeis*), mentre invece il tema di un dialogo con le religioni non comparve nell'agenda del futuro concilio se non quando, nel corso

---

[3] Da questo punto di vista, particolarmente interessante è la lettura dei *vota*, cioè delle proposte avanzate da vescovi, superiori degli ordini religiosi, università cattoliche e congregazioni romane in vista del futuro Concilio negli anni 1959-1960; nei *vota*, sollecitati da papa Giovanni XXIII proprio per la formulazione dei temi per il Concilio, questo tema compare sotto varie forme, indicando quanto fosse considerato un terreno di confronto e di approfondimento soprattutto tra coloro che avevano (o avevano avuto) un'esperienza missionaria.

della discussione sulle modalità di partecipazione di osservatori non cattolici (novembre 1961), venne posta la questione se invitare o meno ai lavori dei rappresentanti delle altre fedi[4].

Il *De Iudaeis* non era riuscito ad arrivare sul tavolo della Commissione Centrale Preparatoria, che valutava i documenti redatti nella Fase preparatoria prima di inviarli al Pontefice per la firma e in seguito ai padri conciliari per la discussione; incluso nell'ordine del giorno della Sessione plenaria della Commissione, prevista per i giorni 12-20 giugno 1962, era poi stato rimosso perché, come aveva detto il cardinale Amleto Cicognani (1883-1973), Segretario di Stato, la sola presentazione del documento poteva avere delle conseguenze negative sulla vita delle comunità cattoliche in Medio Oriente e nei paesi a maggioranza musulmana, e proprio per questo si era deciso di metterlo da parte per ragioni di opportunità politica.

Nonostante interessi e speranze che avevano accompagnato le poche notizie sul *De Iudaeis* nella Fase preparatoria, lo schema era quindi scomparso dall'agenda del Vaticano II. Solo grazie a papa Giovanni XXIII e al cardinale Agostino Bea (1881-1968) il tema del rapporto tra Chiesa Cattolica e popolo ebraico, da un punto di vista puramente religioso, tornò in agenda nel dicembre 1962 e per iniziativa proprio del cardinale Bea divenne un capitolo dello schema *De oecumenismo* (redatto nella primavera del 1963, in modo da essere discusso nella seconda Sessione conciliare). La scomparsa di papa Giovanni, il 3 giugno 1963, aveva naturalmente suscitato in tanti il timore che questo capitolo fosse destinato a eclissarsi, come del resto molte altre cose legate al Concilio che erano state volute dal defunto Pontefice. L'elezione di Paolo VI, il 21 giugno 1963, aveva invece rafforzato la spinta alla celebrazione del Vaticano II, come apparve chiaro fin dai primi passi del neoeletto Pontefice,

---

[4] Sulla partecipazione degli osservatori non cattolici al Vaticano II, cfr. M. VELATI, *Separati ma fratelli. Gli osservatori non cattolici al Vaticano II*, Bologna 2014.

deciso anche a superare quel clima di sospetti e tensioni che, a suo avviso, non avevano favorito i lavori conciliari[5]. In questa prospettiva si poteva ragionevolmente pensare che il *De Iudaeis*, come parte del *De oecumenismo*, arrivasse in aula, ma troppo numerose furono le critiche; il fatto che queste giungessero da prospettive diverse, spesso confliggenti, determinò un effetto moltiplicatore. Per questo, ancora prima che iniziasse la discussione, la sorte del capitolo sembrò segnata tanto che, al di là di chi pensava di poter superare le critiche semplicemente ignorandole e lasciando così il testo all'interno del *De oecumenismo*, in molti cominciarono a chiedersi cosa si sarebbe potuto farne. Tra le varie opzioni comparve quella di affrontare il tema del dialogo con gli ebrei all'interno di un orizzonte più vasto nel quale trattare i rapporti tra la Chiesa Cattolica e le altre religioni; ne risultava quindi depotenziata la valenza teologica, soprattutto nella dimensione ecumenica della riflessione sugli ebrei, ma l'opzione di un testo nel quale parlare degli ebrei e delle altre fedi in relazione alla Chiesa Cattolica apriva scenari del tutto nuovi, inesplorati e indefiniti. Infatti, sorse subito una serie di domande: di quali religioni si doveva parlare? Con quale linguaggio? Era proprio necessario uno schema autonomo? Quale nome doveva avere un eventuale schema sulle religioni?

Nell'autunno del 1963 si cominciò a parlare di una trattazione dei rapporti tra la Chiesa e le altre religioni, anche se rimanevano aperte tante questioni (*in primis*, quale ne fosse la giusta colloca-

---

[5] Esemplare da questo punto di vista è il caso della *querelle* tra Università Lateranense e Istituto Biblico che si era sviluppata sotto Giovanni XXIII, portando, tra l'altro, alla sospensione dall'insegnamento dei gesuiti Max Zerwick e Stanislao Lyonnet alla vigilia dell'apertura dell'assemblea; Paolo VI incaricò Bea di condurre un'indagine per capire come questo era stato possibile, in modo che i due fossero reintegrati. Su questo episodio mi permetto di rinviare a un mio "vecchio" contributo (che sarebbe utile aggiornare alla luce delle tante nuove fonti messe a disposizione): R. BURIGANA, "Tradizioni inconciliabili? La 'querelle' tra l'Università Lateranense e l'Istituto Biblico nella preparazione del Vaticano II", in *La PUL e la preparazione del Concilio*, a cura di Ph. Chenaux, Roma 2001, pp. 51-66.

zione). Da una molteplicità di proposte, che mostrarono quanto interesse circondava questa nuova opzione, emerse l'idea di creare uno schema che presentasse le religioni non cristiane, tra le quali doveva essere compreso anche l'ebraismo. Questa soluzione venne approvata e sostenuta da Paolo VI, che volle uno schema autonomo, bocciando così i suggerimenti di coloro che desideravano, nel caso si fosse voluto parlare di religioni non cristiane, ridurre questa riflessione a un passaggio in uno schema (come il *De Ecclesia*, che già conteneva una parte sulle religioni non cristiane). Prese così le mosse la storia redazionale di quel documento che doveva diventare la dichiarazione *Nostra aetate*[6]; lo schema, la cui redazione rimase nelle mani del Segretariato presieduto da Bea, cominciò a prendere forma nella primavera del 1964.

Il nuovo schema si articolava in cinque numeri: il primo sulle ragioni della redazione di un testo sulle religioni, un secondo sulle religioni orientali, il terzo sull'islam, il quarto sull'ebraismo e il quinto sulla fratellanza universale; questo schema giunse in aula nella terza Sessione, ricevendo molte osservazioni (non solo sul numero 4, quello sul popolo ebraico); infatti vi era un interesse diffuso su questo tema, tanto più che alcuni consideravano certe parti

---

[6] Sulla storia redazionale della dichiarazione *Nostra aetate* rimando a R. BURIGANA, *Fratelli in cammino. Storia della dichiarazione Nostra Aetate*, Milano 2015. Le diverse versioni dello schema che doveva condurre alla dichiarazione, accompagnate dalle relazioni di presentazione in aula e da alcuni interventi dei padri conciliari, si possono leggere in F. G. HELLIN, *Nostra aetate. Declaratio de Ecclesiae habitudine ad religiones non-christianas*, Città del Vaticano 2013. Per una lettura della recezione del documento, cfr. G. D'COSTA, *Vatican II: Catholic Doctrines on Jews and Muslims*, Oxford 2014; F. IANNONE, *Una Chiesa per gli altri. Il Concilio Vaticano II e le religioni non cristiane*, Assisi 2014; T. BERTOLA, "La dichiarazione conciliare 'Nostra aetate': una porta aperta sulle religioni non cristiane. Primi commenti e analisi storico-critiche", in *Colloquia Mediterranea*, 5 (2015), pp. 23-80; T. BERTOLA, "Fra 'rottura' e 'profezia'. Trentennale cammino del dialogo interreligioso inaugurato da *Nostra aetate*", in *Colloquia Mediterranea*, 5 (2015), pp. 235-272 e 6 (2016), pp. 63-95; M. FUSS, "Globalizzazione delle religioni e dialogo. L'attualità di *Nostra aetate*", in *Lateranum*, 81 (2015), pp. 421-439.

del testo, come quelle dedicate all'islam, come troppo dipendenti da una lettura univoca di queste religioni. Ci furono osservazioni che chiedevano che si trovasse il modo di esprimere la complessità delle religioni: l'islam, ad esempio, anche nelle relazioni con la Chiesa Cattolica, assumeva forme diverse a seconda del paese.

Dopo questo passaggio in aula lo schema sembrava pronto per la promulgazione; tuttavia erano ancora forti le voci contrarie al contenuto del numero 4 (e in alcuni casi alla sua stessa esistenza), mentre sugli altri sembrava essersi formato un certo consenso che manifestava l'interesse per una presentazione positiva di alcune fedi. Proprio per il numero e il carattere delle osservazioni, lo schema venne rinviato alla quarta e ultima Sessione; dopo un nuovo passaggio in aula, la dichiarazione *Nostra aetate* venne promulgata il 28 ottobre 1965, nella VII Sessione pubblica, insieme ai decreti *Christus Dominus*, *Perfectae caritatis* e *Optatam totius* e alla dichiarazione *Gravissimum educationis*.

Sebbene la dichiarazione *Nostra aetate* venisse, e per molti versi viene tuttora, identificata come il testo fondamentale per il dialogo tra la Chiesa Cattolica e le altre religioni, la sua lettura mostra quanta strada dovesse ancora essere fatta per costruire un dialogo, nonostante fosse chiara l'opzione per un dialogo, che partisse dalla ricerca di una presentazione positiva dell'altro. A spingere verso una lettura che andasse oltre il testo di *Nostra aetate* era il fatto che nel Vaticano II il tema del rapporto tra la Chiesa e le altre religioni era stato oggetto non solo del dibattito che aveva portato alla redazione della dichiarazione stessa, ma anche a quella di altri schemi: la costituzione *Lumen gentium* sull'ecclesiologia[7], la costituzione *Gaudium et spes* sul dialogo della Chiesa con il mondo contemporaneo, la dichiarazione *Dignitatis humanae* sulla libertà religiosa. In quest'ultimo documento, in particolare, si parla

---

[7] Per un aggiornato commento alla costituzione conciliare sulla Chiesa, cfr. *Lumen gentium*, Commentario ai documenti del Vaticano II, 2, testi di G. Canobbio, S. Mazzolini, S. Noceti, R. Repole, G. Routhier, D. Vitali, Bologna 2015.

di come presentare l'attività missionaria nella vita e nella storia dell'umanità, di come coordinare testimonianza e dialogo da una parte ed evangelizzazione e conversione dall'altra, di come declinare la missione in un contesto interreligioso e di come preparare gli "operai evangelici" al dialogo con le altre religioni.

In ogni caso, centrale rimaneva la dichiarazione *Nostra aetate*; questa doveva molto a papa Paolo VI: Montini era intervenuto affinché il Concilio procedesse alla redazione, discussione e promulgazione di un documento interamente dedicato alla presentazione positiva di alcune religioni, nella convinzione che questo fosse un passaggio necessario per dare forza, dignità e prospettiva al dialogo interreligioso; si trattava di offrire delle indicazioni chiare per un cammino che, sebbene avesse avuto qualche pionieristico antecedente, appariva, proprio con la celebrazione del Vaticano II, quanto mai necessario di fronte alle sfide che i cristiani (non solo i cattolici) erano chiamati ad affrontare in una società nella quale convivevano istanze molto diverse, spesso confliggenti le une con le altre. Di fronte a questa situazione, per Paolo VI il dialogo con le religioni costituiva un campo da esplorare proprio per sconfiggere le paure e i pregiudizi, aprendo così una stagione con la quale rafforzare e chiarire l'identità missionaria della Chiesa.

PASSI PER IL DIALOGO
PAOLO VI E LA PROMOZIONE DEL DIALOGO CON LE RELIGIONI

Proprio nella prospettiva dell'importanza del dialogo tra la Chiesa Cattolica e le altre religioni, in particolare l'islam, si colloca l'azione di Paolo VI; la sua opera in favore del dialogo interreligioso non si era però dispiegata solo con gli interventi in Concilio per la promulgazione di *Nostra aetate*: c'erano stati infatti anche altri gesti con i quali il Pontefice aveva manifestato l'importanza di aprire una nuova stagione di dialogo tra la Chiesa e i non cristiani.

Di questi gesti di Paolo VI ne vanno ricordati almeno tre nel corso del 1964: l'istituzione di un Segretariato per i non cristiani

(17 maggio 1964), l'enciclica *Ecclesiam suam* (6 agosto 1964) e il viaggio a Bombay (l'odierna Mumbai, 2-5 dicembre 1964).

Il 17 maggio 1964, nella festa di Pentecoste, Paolo VI annunciò la creazione di un Segretariato per «i non-cristiani», nell'omelia della celebrazione eucaristica[8]; la lettura di questa omelia è particolarmente interessante perché offre degli elementi per comprendere il quadro nel quale Paolo VI desiderava sviluppare il dialogo tra la Chiesa Cattolica e i non cristiani. Alla celebrazione erano stati invitati gli «alunni e ospiti dei nostri Seminari, dei nostri Convitti e Collegi ecclesiastici, Allievi dei nostri Istituti di Studi superiori, di educazione e di istruzione ecclesiastica, dei Noviziati religiosi e delle Case di formazione, Studiosi e Studenti ecclesiastici»: a loro Paolo VI offrì una riflessione sul significato della Pentecoste «fonte di ogni altra festa cristiana», che ha avuto come effetto visibile «la Chiesa vivente e peregrinante, da quel giorno ad oggi e via lanciata verso i suoi escatologici destini» che trascina coloro che ne fanno parte in mille modi tanto da renderli «testimoni di Cristo nella realtà formidabile del nostro secolo».

Per Paolo VI si doveva vivere la Pentecoste come «un cuor solo e un'anima sola», secondo le parole degli Atti degli Apostoli (4,32), dal momento che il Papa non ignorava che davanti a lui si trovavano pellegrini di ogni parte del mondo; egli, comunque, aveva un pensiero del tutto particolare per i «candidati al sacerdozio di Cristo, o di tanta dignità e potestà già insigniti per l'ordinazione sacramentale». Per Paolo VI la Chiesa è «quel Corpo mistico, che ebbe la sua gestazione nella storia evangeli-

---

[8] Qui come altrove, per i testi di papa Montini rimando a Paolo VI, *Insegnamenti*, voll. 1-16, Città del Vaticano 1964-1979. Per una raccolta dei suoi interventi sul dialogo interreligioso, cfr. *Il dialogo interreligioso nell'insegnamento ufficiale della Chiesa cattolica (1963-2013)*, a cura di F. Gioia, Città del Vaticano 2013³, pp. 55-84, 193-307. Per un'aggiornata biografia di Paolo VI, cfr. Ph. CHENAUX, *Paul VI. Le souverain éclairé*, Paris 2015 (di questa opera è in corso la traduzione in italiano).

ca, e nacque, vivo di Spirito Santo, appunto come oggi, nel Ce-
nacolo, a Gerusalemme». Il richiamo a Gerusalemme conduce il
Papa a ricordare il suo viaggio in Terra Santa del gennaio 1964[9],
che tanta importanza ha avuto per il cammino ecumenico, con
l'incontro con il patriarca ecumenico Atenagora (1886-1972)[10],
e per i lavori del Concilio, tanto che il Pontefice ricorda di essersi inginocchiato di fronte alla «culla della Chiesa di Dio»;
proprio da Gerusalemme è nata quella dimensione che per il
Papa è fondamento della Chiesa: la «cattolicità, cioè universalità, cioè destinazione a tutte le genti, apertura a tutte le anime,
offerta a tutte le lingue, invito a tutte le civiltà, presenza a tutta la
terra, istanza a tutta la storia». Celebrare la Pentecoste significa
ricordare «il prodigio delle lingue», così come viene raccontato
dagli Atti degli Apostoli, citati da Montini per mostrare quali e
quanti furono i popoli coinvolti in quella giornata straordinaria:
un numero tanto alto da far dire che erano presenti tutti i popoli
del mondo conosciuto. Si trattava di una dimensione universale,
cioè cattolica, un termine che per il Papa ha un significato del
tutto particolare: «Senza quasi avvertire la pienezza, a cui esso

---

[9] Su questo viaggio, cfr. V. MARTANO, *L'abbraccio di Gerusalemme. Cinquant'anni fa lo storico incontro tra Paolo VI e Athenagoras*, Milano 2014; *Dialogue of Love. Breaking the Silence of Centuries*, ed. by J. Chryssavgis, New
York 2014; P. LANGA AGUILAR, "Peregrinación de Pablo VI a Tierra Santa",
in *Pastoral Ecuménica*, 31 (2014), pp. 56-85. Sui viaggi di Paolo VI, Giovanni
Paolo II e Benedetto XVI in Terra Santa, cfr. RE. BURIGANA – RI. BURIGANA,
I Papi in Terra Santa, Firenze 2013. In occasione del 50° anniversario di questo
viaggio, che ha profondamente segnato i rapporti tra Roma e Costantinopoli,
papa Francesco e il patriarca Bartolomeo hanno voluto compiere un pellegrinaggio in Terra Santa (24-26 maggio 2014) proprio per riaffermare la centralità della costruzione della comunione visibile della Chiesa.

[10] Sulla figura di Atenagora rimane ancora di grande attualità V. MARTA-
NO, *Athenagoras il patriarca (1886-1972). Un cristiano fra crisi della coabitazione
e utopia ecumenica*, Bologna 1996. Per una lettura di alcuni interventi di Atenagora, cfr. *Umanesimo spirituale, dialoghi tra Oriente e Occidente*, a cura di A.
Riccardi, Cinisello Balsamo (Mi) 2013.

si riferisce, il dinamismo che da esso emana, la bellezza ch'esso prospetta, l'impegno ch'esso impone. Spesso diventa nel comune linguaggio un termine che definisce, e cioè tenta di circoscrivere e di limitare la Chiesa unica e vera, ch'è appunto quella cattolica, per distinguerla da altre frazioni, rispettabili e dotate ancora d'immensi tesori cristiani, ma tuttora separate dalla pienezza cattolica; e talora preferiamo al termine di cattolico quello di cristiano, quasi dimenticando che, nel concetto e nella realtà, il primo vuol contenere tutto il secondo, e non sempre viceversa».

Su questa riflessione ecclesiologica, che ha delle implicazioni ecumeniche evidenti, il Papa si sofferma proprio per sottolineare la grandezza del termine "cattolico", che si scontra con la pochezza delle forze umane, ma che può trasformare il cuore tanto da farlo diventare «magnanimo... ecumenico... capace di accogliere il mondo intero dentro di sé»; l'universalità della Chiesa, cioè la sua cattolicità, è un elemento costitutivo ma che deve ancora realizzarsi appieno, dal momento che nel mondo sono in tanti a non aver ancora ricevuto l'annuncio dell'Evangelo.

Proprio la festa della Pentecoste indica quali e quante strade devono essere percorse per annunciare il messaggio della Chiesa Cattolica in modo da vivere una «perenne Pentecoste»; la Chiesa sta vivendo un tempo nel quale la spinta all'universalità «soffia con impeto», come mostrano «l'apostolato del Clero e dei Laici, oggi... le Missioni... il Concilio ecumenico». A questa stagione appartiene un'attenzione del tutto particolare al dialogo con i «fratelli cristiani ancora da noi separati..., gli appartenenti ad altre religioni». A questo punto Paolo VI annuncia l'istituzione di un Segretariato per i non cristiani, «organo che avrà funzioni ben diverse, ma analoga struttura a quello per i Cristiani separati»: non era certo una novità inaspettata perché la creazione di questo Segretariato era stata prospettata mesi prima. Nel settembre 1963, poche settimane dopo la sua elezione, il Papa ne aveva parlato con il cardinale Eugène Tisserant (1884-1972): l'istituzione di questo organo era comparsa anche durante il dibattito conciliare sulla futura dichiarazione *Nostra*

aetate[11]. Il giorno di Pentecoste del 1964 Paolo VI comunicò
che alla guida del Segretariato sarebbe stato chiamato il cardinale Paolo Marella (1895-1984) «che alla saggezza e alla virtù,
che lo fanno caro e venerato alla Chiesa romana, aggiunge una
rara competenza dell'etnografia religiosa»[12]. Con la creazione di
questo Segretariato nessuno si sarebbe più sentito straniero a
Roma, senza che questo mettesse in alcun modo in discussione
la cattolicità della Chiesa, con tutte le conseguenze che tale dimensione comportava nella missione dell'annuncio del Vangelo.

Due giorni dopo veniva pubblicato il *motu proprio* di istituzione del Segretariato, che era dedicato a coloro dei quali parla
il vangelo di Giovanni (10,16); esso era istituito mentre prose-
guivano i lavori conciliari, in un tempo nel quale si dovevano
promuovere una conoscenza tra uomini di religione, lingua e
cultura diverse[13]. Poche settimane dopo, il 23 giugno, Paolo VI
tornò sulle ragioni dell'istituzione dell'organismo, che doveva
essere un mezzo con il quale giungere «a qualche leale e rispettoso dialogo con quanti "credono ancora in Dio e lo adorano",

---

[11] Per la notizia di questo colloquio, cfr. S. SCHMIDT, *Agostino Bea. Il cardinale dell'unità*, Roma 1987, p. 670; qualche anno fa alla figura di Tisserant lo
storico francese Étienne Fouilloux ha dedicato una biografia, interessante per
l'interpretazione e ricca di documentazione: É. FOUILLOUX, *Eugène cardinal
Tisserant 1884-1972. Une biographie*, Paris 2012. Del progetto di creazione di
un Segretariato per i non cristiani parlarono anche Congar e Willebrands in
relazione alla redazione della futura dichiarazione *Nostra aetate* il 1° ottobre
1964: Y. CONGAR, *Mon Journal du Concile*, voll. 1-2, Paris 2002.

[12] Il cardinale Paolo Marella era stato a lungo un diplomatico: fu delegato
apostolico in Giappone (1933-1948), in Australia e Nuova Zelanda (1948-
1953) e poi nunzio apostolico in Francia (1953-1959); creato cardinale da
Giovanni XXIII il 14 dicembre 1959, rimase presidente del Segretariato per i
non cristiani fino al 26 febbraio 1973. Durante il Concilio Vaticano II ricoprì
la carica di presidente della Commissione sui vescovi. Per alcune sintetiche
note biografiche sulla sua figura, cfr. M. LAMBERIGTS, "Marella Paolo", in
Personenlexikon zum Zweiten Vatikanischen Konzil, hrsg. von M. Quisinsky –
P. Walter, Freiburg im Breisgau 2012, pp. 184-185.

[13] Questo testo in *Acta Apostolicae Sedis* 56 (1965), p. 560.

per usare le parole del Nostro Predecessore Pio XI di felice memoria, nella Enciclica *Divini Redemptoris*». Per papa Montini doveva essere chiaro che questo organismo si collocava fuori dal Vaticano II, che pure aveva pesato tanto nella sua istituzione proprio per il clima «di unione e di intesa, che ha nettamente caratterizzato il Concilio stesso». La creazione del Segretariato rientrava nel novero delle iniziative che erano state pensate per mostrare come la Chiesa voleva rafforzare «vincoli interiori di intese, di amicizie e di fraterna collaborazione» e cercare «anche al di fuori un piano di colloquio e di incontro con tutte le anime di buona volontà».

Il secondo elemento di Paolo VI da considerare per comprendere la sua posizione a favore di un dialogo interreligioso è la pubblicazione dell'enciclica *Ecclesiam suam*[14], che ebbe una grande influenza sui lavori conciliari (come probabilmente lo stesso Pontefice sperava, avendo deciso di dedicare questo suo primo documento alla Chiesa, cioè al tema che egli riteneva prioritario nella celebrazione del Vaticano II). In questa enciclica, centrale era il ricorso alla categoria del dialogo, declinata non come una forma di compromesso o di cedimento al mondo, ma come la strada con la quale la Chiesa si fa missione, riaffermando la propria identità nella fedeltà al modello biblico del dialogo dell'amore di Dio nei confronti dell'umanità, così come era stato letto e riletto dalla tradizione viva della Chiesa. Nell'*Ecclesiam suam* Paolo VI parlava di come la Chiesa doveva costruire il dialogo, facendosi «parola... messaggio... e colloquio» in modo da esprimere, con chiarezza e con profondità, la sua natura.

---

[14] All'enciclica *Ecclesiam suam* l'Istituto Paolo VI, tanti anni fa, ha dedicato un convegno (Roma, 24-26 ottobre 1980) che rappresenta ancora un imprescindibile punto di riferimento per comprendere le ricchezze di questo testo (cfr. *"Ecclesiam suam" première lettre encyclique de Paul VI*, Roma 1982). Per coglierne l'importanza nell'immediatezza della pubblicazione è utile la lettura delle conferenze a commento dell'enciclica trasmesse alla Radio Vaticana: *Ecclesiam suam: le vie della Chiesa oggi*, Roma 1965.

Per il Papa il dialogo si costruiva per cerchi concentrici: «Con tutto ciò che è umano», con i credenti in Dio e con i cristiani «fratelli separati»; il secondo "cerchio" comprendeva gli ebrei, cioè coloro che «adorano il Dio unico e sommo, quale anche noi adoriamo; alludiamo ai figli, degni del nostro affettuoso rispetto, del popolo ebraico, fedeli alla religione che noi diciamo dell'Antico Testamento», i musulmani cioè «gli adoratori di Dio secondo la concezione della religione monoteistica, meritevoli di ammirazione per quanto nel loro culto di Dio vi è di vero e di buono» e «le grandi religioni afroasiatiche». Per Paolo VI si doveva tenere distinta la Chiesa Cattolica da queste religioni, avendo sempre in mente quali sono le differenze e «manifestare la nostra persuasione essere unica la vera religione ed essere quella cristiana, e nutrire speranza che tale sia riconosciuta da tutti i cercatori e adoratori di Dio». Una volta confermati il contenuto e le finalità della missione della Chiesa, papa Montini diceva che si dovevano riconoscere «i valori spirituali e morali delle varie confessioni religiose non cristiane» per promuovere ciò che poteva essere comune «nel campo della libertà religiosa, della fratellanza umana, della buona cultura, della beneficenza sociale e dell'ordine civile». Si dovevano così ricercare dei valori comuni dai quali partire per formulare il dialogo: questo doveva essere offerto là dove era possibile in uno spirito di reciproco rispetto e lealtà.

Infine, il terzo elemento è il viaggio in India di Paolo VI in occasione del Congresso eucaristico internazionale; questo viaggio si realizza a pochi giorni dalla conclusione della terza Sessione del Concilio, che portò alla promulgazione di tre documenti ecclesiologici (la costituzione *Lumen gentium* sulla Chiesa, il decreto *Orientalium ecclesiarum* sulle Chiese orientali[15] e il decreto

---

[15] Per una lettura sulla storia della redazione e la recezione del decreto, cfr. *Un ponte dall'Oriente. Passato, presente e futuro del decreto "Orientalium Ecclesiarum" nel 50° anniversario della sua promulgazione*, a cura di Re. Burigana e Ri. Burigana, Firenze 2014.

Unitatis redintegratio[16] sui princìpi cattolici dell'ecumenismo), ma che fu accompagnata da numerose polemiche, anche per l'azione di alcuni giornalisti e teologi, sulla gestione dei lavori conciliari da parte del Papa. La terza Sessione si era chiusa così in un clima di tensioni e di delusione, nonostante gli schemi promulgati (tanto importanti nel ripensamento dell'ecclesiologia della Chiesa Cattolica); un clima che gettava molte ombre sulla quarta e ultima Sessione prevista per il settembre 1965, tanto più che l'agenda conciliare prevedeva ancora undici schemi da approvare (e molti pensavano che non lo sarebbero stati tutti).

In questo clima Paolo VI compie il suo viaggio in India, un viaggio nel quale il Vaticano II è particolarmente presente; infatti gli interventi del Papa fanno riferimento, spesso in modo implicito, a documenti che sono ancora nell'agenda dei lavori conciliari in vista della loro discussione nella quarta Sessione. Le parole del Papa, talvolta, richiamano anche la necessità di promuovere la recezione di quanto il Concilio ha già promulgato, in particolare sulla liturgia; tale recezione rappresenta per Paolo VI una sfida dal momento che il Concilio deve essere conosciuto e, soprattutto, vissuto dalle comunità locali in modo da favorire quel rinnovamento ecclesiale che è premessa necessaria per la costruzione di un dialogo.

---

[16] Al decreto *Unitatis redintegratio* sui princìpi cattolici dell'ecumenismo, che ha giocato un ruolo importante anche nella promozione del dialogo interreligioso proprio perché ha aperto strade nuove alla collaborazione tra cristiani, nel 2015 la rivista *Studi Ecumenici* (33) ha dedicato una serie di articoli per metterne in evidenza contenuti e attualità: R. BURIGANA, "Solo cinquant'anni... Note sul decreto *Unitatis redintegratio* del Vaticano II e sulla recezione (1964-2014)", pp. 415-432; P. RICCA, "Cinque luci e due ombre. Una valutazione protestante di *Unitatis redintegratio*", pp. 459-473; G. VLANTIS, "L'*Unitatis redintegratio* e le prospettive ecumeniche di oggi. Un approccio ortodosso", pp. 475-483; T. VETRALI, "*Unitatis redintegratio*: uno spazio aperto a una visione biblica dell'unità", pp. 433-457. Per una lettura puntuale del decreto, cfr. G. CERETI, *Commento al decreto sull'ecumenismo*, San Pietro in Cariano (Vr) 2013 (si tratta della riproduzione anastatica dell'edizione del 1966, con una nuova introduzione).

Nel viaggio in India il Pontefice incontra una comunità cattolica che costituisce una piccola minoranza all'interno della minoranza cristiana, in uno Stato giovane – l'India è diventata indipendente nel 1948 – la cui nascita è stata preceduta e accompagnata da scontri tra le religioni che hanno lasciato una lunga scia di morte e di violenze; queste ultime investirono anche le comunità cristiane, che incontrarono molte difficoltà dopo l'indipendenza a causa delle numerose modifiche nella vita e nella struttura delle comunità: a Bombay, per esempio, si era conclusa l'alternanza di un portoghese con un inglese sulla cattedra episcopale; infatti, dopo che l'arcivescovo Thomas Roberts (1893-1976), inglese e gesuita, aveva lasciato il suo incarico nel dicembre 1950, era diventato arcivescovo l'indiano mons. Valeriano Gracias (1900-1978), fino ad allora vescovo ausiliare.

In India, accolto proprio da mons. Gracias, divenuto cardinale il 12 gennaio 1953, Paolo VI è chiamato a confrontarsi con una comunità nella quale convivono tradizioni diverse; una comunità interessata al dialogo ecumenico anche per rafforzare la presenza cristiana nel Paese, da sempre in bilico perché considerata come estranea da molti indiani che la ritenevano retaggio di un passato coloniale da archiviare. Anche per queste tensioni tra cristiani e indù per Paolo VI è importante cercare delle strade per favorire una convivenza, individuando dei campi comuni (come la condanna delle ingenti risorse destinate alle armi e la lotta alla povertà), sui quali le religioni possono dialogare per modificare la società contemporanea.

A Bombay, soprattutto nel suo incontro con i rappresentanti delle religioni del Paese, il 3 dicembre 1964 Paolo VI parlò delle peculiarità religiose della storia indiana, che invitavano a superare i pregiudizi per favorire una migliore comprensione della dimensione spirituale (senza che questo volesse dire rinunciare alla centralità di Gesù Cristo nella vita contemporanea). Sull'importanza di favorire un dialogo tra le fedi, Montini tornò anche nel suo discorso rivolto al popolo indiano il giorno seguente, quando ancora una volta ricordò il carattere della missione della Chiesa, cioè l'annuncio di Cristo, luce delle genti, con un esplicito riferimento alla riflessione ecclesiologica, così come si era venuta definendo nel Concilio.

PROVE DI DIALOGO INTERRELIGIOSO
PAOLO VI E LA PRIMA RECEZIONE DEL VATICANO II

Con l'istituzione di un Segretariato per i non cristiani e la promulgazione della dichiarazione *Nostra aetate* era evidente che si era aperta una nuova stagione nei rapporti della Chiesa Cattolica con il mondo delle religioni, anche se appariva un dialogo tutto da costruire e da verificare passo passo. Esso doveva infatti confrontarsi con una lunga tradizione di silenzi e di definizioni, con una riflessione teorica sulla salvezza al di fuori della Chiesa e con una molteplicità di esperienze concrete (molte, ma non tutte) positive per la creazione di un dialogo interreligioso nella vita quotidiana delle comunità.

Paolo VI tornò sul rapporto tra la Chiesa Cattolica e le religioni non cristiane in una serie di interventi, tra i quali si possono ricordare: il messaggio al Consiglio delle religioni del Vietnam (15 settembre 1966), nel quale si sottolineava l'importanza di un dialogo in grado di abbattere i pregiudizi; il discorso alla Delegazione delle comunità islamiche in Turchia (25 luglio 1967) durante il suo viaggio a Istanbul, dove papa Montini tornava a parlare di cosa cristiani e musulmani potevano fare per la pace; il discorso ai musulmani ugandesi (1° agosto 1969), con il riferimento alla necessità di trovare delle forme di dialogo tra islam e cristianesimo; il messaggio al re Hassan del Marocco in occasione della Conferenza islamica (21 settembre 1969), che conteneva l'accorato appello a riflettere, tutti insieme, sul fatto che le religioni sono un elemento fondamentale nel superamento delle divisioni tra i popoli; il discorso alle religioni in Indonesia (3 dicembre 1970) nel corso del viaggio apostolico in Estremo Oriente (che doveva essere il suo ultimo viaggio), quando Paolo VI confermava il rispetto della Chiesa per tutte le religioni, esprimeva una stima particolare per musulmani e buddisti (secondo quanto già detto dal Vaticano II), e chiariva come l'apertura, la ricerca del dialogo con le altre religioni mostrasse ancora di più la natura missionaria e universale della Chiesa Cattolica.

Numerosi furono anche gli interventi del Papa per sollecitare la Chiesa a riflettere sul significato del dialogo interreligioso per la propria vita, chiedendo un sempre maggiore coinvolgimento nella ricerca di mezzi con i quali aprire nuove strade di confronto, assecondando così anche le indicazioni che il Segretariato veniva fornendo in linea con quanto indicato dal Concilio. Tra questi interventi si possono ricordare come esemplari: la lettera alla I Assemblea delle Conferenze episcopali dell'Asia (30 marzo 1974), nella quale si ricordava la priorità dell'evangelizzazione per ogni cristiano, tanto più in una realtà multireligiosa come quella di tanti paesi asiatici; il discorso di apertura alla III Assemblea generale del Sinodo dei vescovi (27 settembre 1964), dedicato a "L'evangelizzazione nel mondo moderno", quando Paolo VI tornò sulla dimensione universale della Chiesa Cattolica come condizione *sine qua non* per la promozione del dialogo; infine il messaggio per la Giornata mondiale della pace del 1° gennaio 1976, sul tema "Le vere armi della pace", nel quale si ricordava che la pace deve essere realizzata con il concorso di tutte le religioni.

Nella prospettiva di una sempre più chiara definizione degli scopi e della natura del dialogo con le altre fedi a partire dal Vaticano II, si può collocare anche la decisione di Paolo VI di istituire la Commissione per i rapporti religiosi con l'ebraismo; essa nasceva in seguito a una serie di incontri semi-ufficiali tra cattolici ed ebrei che avevano fatto seguito alla celebrazione del Concilio proprio per affrontare dei temi che sembravano utili al superamento della stagione di discriminazione delle tradizioni religiose ebraiche e al ripensamento del rapporto tra Chiesa ed ebraismo, nell'ottica di una migliore definizione del radicamento del dialogo ecumenico nel patrimonio biblico, spirituale e teologico del popolo ebraico. Si trattava quindi di recuperare e di andare oltre quanto era stato discusso in sede conciliare, dove queste due dimensioni erano state oggetto di un vivace dibattito senza riuscire però a trovare spazio, se non in forma minimale, nei documenti promulgati (era infatti uscito sconfitto il "progetto ecumenico" del card. Bea che, come abbiamo visto, prevedeva di dedicare il quarto capitolo dello schema *De oecumenismo* al popolo ebraico). La creazione di una Commissione autonoma, legata all'allora Segretariato per l'unità dei cristiani ma distinta dal Segretariato per le religioni non cristiane, mostrava chiaramente come Paolo VI si muovesse nella direzione della valorizzazione di un'idea del Vaticano II, anche se questa non era stata recepita pienamente nei documenti. Papa Montini si appellava allo «spirito» del Concilio e a questo spirito sarebbe rimasto fedele anche Giovanni Paolo II quando, tra l'altro, nella riforma della Curia la Commissione per i rapporti religiosi con l'ebraismo non venne modificata. Nonostante la nascita di questa Commissione, la pubblicazione dei suoi documenti, i gesti e le parole dei pontefici rimase vivo nella Chiesa Cattolica il dibattito sulla religione ebraica; un dibattito nel quale, talvolta, sembrava affacciarsi l'idea che l'ebraismo fosse un'altra religione rispetto al cristianesimo, tanto più che questo dibattito attraversava il cristianesimo coinvolgendo Chiese e comunità cristiane anche in una prospettiva ecumenica.

Gli anni della prima recezione del Vaticano II, che si conclusero con la scomparsa di Paolo VI, furono caratterizzati anche dall'attività del Segretariato per i non cristiani, prima presieduto dal cardinale Marella e poi, dal marzo 1973, dal cardinale Sergio Pignedoli (1901-1980)[17]. Il Segretariato si proponeva di

---

[17] Il cardinale Pignedoli era stato un diplomatico: nunzio apostolico in Bolivia (1950-1954) e in Venezuela (1954-1955), venne poi nominato vescovo ausiliare di Milano (1955-1960); dopo questa parentesi, fu inviato come delegato apostolico prima in Africa centro-orientale (1960-1964) e poi in Canada (1964-1967). Successivamente venne nominano segretario della Congregazione per l'evangelizzazione dei popoli ed eletto cardinale il 5 marzo 1973, il giorno

promuovere la conoscenza delle singole religioni, secondo le indicazioni di *Nostra aetate*, lavorando anche a possibili collabora-
zioni fra i cattolici e le altre fedi. Il Segretariato si adoperò anche
per incoraggiare lo studio delle religioni da un punto di vista
storico-culturale, in modo da cogliere quanto complessa fosse
la creazione di un dialogo che non si doveva limitare a dichiara-
zioni di principio ma definire dei percorsi formativi (in questa
fase pensati soprattutto per le persone incaricate di promuovere
le relazioni tra Chiesa e altre religioni). Fin dalla sua istituzione, un'attenzione del tutto particolare venne riservata ai rapporti
con il mondo islamico, tanto che già nel 1967 iniziò da parte del
Segretariato la tradizione di redigere un messaggio per la conclusione del Ramadan, in segno di rispetto per questo importante momento della vita religiosa delle comunità musulmane[18].

Con la celebrazione del Vaticano II si era così aperta una
strada che Paolo VI aveva non solo contribuito a costruire ma
che si era impegnato a sviluppare in modo da cogliere quanto
discusso in Concilio a favore di un dialogo con le religioni; la
costruzione della pace era diventato un campo privilegiato di
questo dialogo, come aveva saputo cogliere anche papa Luciani
durante il suo breve pontificato[19]. Giovanni Paolo II si sarebbe

---

prima della sua nomina a presidente del Segretariato per i non cristiani. Sulla sua
vita a servizio della Chiesa, cfr. *Il cardinale Sergio Pignedoli amico indimenticabile
(1910-1980). Memorie e testimonianze*, a cura di G. Palermo, Andria 1989.

[18] Per una raccolta dei documenti sul dialogo interreligioso della Chiesa
Cattolica, dal Concilio Vaticano II a Benedetto XVI, cfr. *Il dialogo interreligioso nell'insegnamento ufficiale…, cit.*; per una presentazione sintetica della
dimensione teologica di tale dialogo a partire dal Vaticano II, cfr. J. KURUVA-
CHIRA, *Dialogo interreligioso. Il punto di vista cattolico*, Roma 2015.

[19] Nelle poche settimane del pontificato di Giovanni Paolo I va ricordato
un suo intervento sull'importanza delle religioni nella costruzione della pace;
in questo discorso, durante l'udienza del Comitato europeo della Conferenza
mondiale delle religioni per la pace (20 settembre 1978), papa Luciani riprende alcuni elementi di Paolo VI rafforzando l'idea che le religioni abbiano un
compito del tutto particolare per combattere la violenza. Per gli scritti di papa

collocato nella scia di Paolo VI, con una serie di interventi che
avrebbero definito ancora meglio il ruolo della Chiesa Cattolica
nel dialogo interreligioso: la decisione di Wojtyła di convocare
ad Assisi un incontro delle religioni per la pace segnò una svolta
in questa strada.

Luciani, cfr. GIOVANNI PAOLO I, *Insegnamenti*, Città del Vaticano 1979; per i
suoi interventi sul dialogo interreligioso, cfr. *Il dialogo interreligioso nell'insegnamento ufficiale...*, *cit.*, pp. 311-312; per una sua biografia, cfr. M. RONCALLI,
Giovanni Paolo I - Albino Luciani, Cinisello Balsamo (Mi) 2012; una nota sul
suo interesse per il dialogo si trova in M. DÍEZ GÓMEZ, "Juan Pablo I, estrella
fugaz en el Ecumenismo", in *Pastoral Ecuménica*, 31 (2014), pp. 92-96.

Capitolo II

NELLA CITTÀ DI SAN FRANCESCO

Giovanni Paolo II e l'incontro delle religioni ad Assisi

L'intuizione di Giovanni Paolo II di convocare ad Assisi un incontro tra le religioni ha segnato una svolta fin dal momento dell'annuncio. Essa infatti ha mostrato come la recezione del Vaticano II e dei passi compiuti da Paolo VI nella direzione del dialogo interreligioso erano considerati da Wojtyła come un punto di partenza non solo per sviluppare e approfondire quanto era stato fatto, ma soprattutto per creare una nuova prospettiva di condivisione, di impegno comune per la costruzione della pace. Giovanni Paolo II chiedeva un impegno quotidiano nel dialogo interreligioso in grado di cambiare la società, così come era stato durante il Concilio, quando la categoria del dialogo era stata presente nei lavori come strada privilegiata nel rinnovamento della Chiesa. All'esperienza del Vaticano II il Papa polacco ha sempre fatto costantemente riferimento nel suo magistero, fin dai suoi primi passi, offrendo una lettura personale del Concilio.

Il Pontefice volle convocare un incontro tra le religioni proprio ad Assisi in modo da legare indissolubilmente le nuove prospettive del dialogo interreligioso alla figura di san Francesco, riconosciuto anche al di fuori dei confini della Chiesa Cattolica come un modello di dialogo per la pace senza rinunciare alla propria identità.

L'incontro di Assisi suscitò apprezzamento e interesse nella Chiesa, ma portò con sé molte polemiche perché in tanti lo considerarono un cedimento della verità rispetto all'errore; i critici seppero cogliere quanto l'incontro fosse radicato nella lettera e nello spirito del Vaticano II e quindi attaccare Assisi voleva dire contestare lo stesso Concilio. Accanto a questi detrattori, numerosi furono coloro che accolsero e seguirono con entusiasmo l'incontro di Assisi, tanto da impegnarsi nella recezione delle parole e dei gesti che segnarono la giornata. In quel contesto, dialogo e preghiera sembravano essere in grado di cambiare il mondo, archiviando una lunga stagione di violenza e di intolleranza e chiedendo alle religioni un impegno quotidiano: proprio alla luce di questa esperienza straordinaria e unica, come tanti dei presenti la definirono, nacque lo "spirito di Assisi", al quale in molti si appellarono per creare e costruire occasioni di dialogo tra le fedi così da affermare un impegno concreto in favore della pace.

QUALCHE NOVITÀ...
GIOVANNI PAOLO II E IL DIALOGO
CON LE RELIGIONI

Fin dai suoi primi passi, appena eletto pontefice, apparve evidente quanto Giovanni Paolo II volesse muoversi nella direzione di un rafforzamento della prospettiva del dialogo così come era emersa dal Vaticano II; si trattava di proseguire nella direzione già indicata da Paolo VI che, come abbiamo visto, si era speso già durante la celebrazione del Concilio proprio per creare una sensibilità in grado di sviluppare un dialogo tra la Chiesa Cattolica e le altre religioni a livello ufficiale e universale. Si dovevano rafforzare i passi per la definizione di un comune impegno nelle realtà locali, senza perdere di vista la prospettiva globale di questo dialogo, una volta superati pregiudizi e precomprensioni. Naturalmente, nel proseguire su questa strada, Giovanni Paolo II volle introdurre delle novità significative poiché, proprio dall'esperienza conciliare, era emerso quanto il dialogo tra la Chiesa e le altre religioni dovesse confrontarsi da una parte con il movimento ecumenico e dall'altra con la situazione geopolitica[1]. Queste due prospettive avevano suscitato molte domande nella celebrazione del Concilio e soprattutto nella sua prima recezione, quando la Chiesa Cattolica aveva preso parte in modo sempre più dinamico al cammino ecumenico, iniziando una stagione di dialoghi teologici bilaterali e definendo possibili iniziative di testimonianza comune; proprio queste iniziative mostravano, in alcuni casi, come fosse auspicabile immaginare una collaborazione interreligiosa per testimoniare la forza dei cristiani qualora avessero parlato con una voce sola.

Sono molti gli elementi sui quali sarebbe necessario soffermarsi per comprendere quanto innovativa, fin dai primi passi, fu l'azione di Giovanni Paolo II, ma non è questa la sede adatta: tali elementi attendono ancora una ricostruzione complessiva al di là dei numerosi studi sul pontificato wojtyliano[2]. Mi sembra però opportuno evocarne almeno uno: i discorsi di Giovanni Paolo II alle comunità delle religioni non cristiane in occasione dei suoi viaggi apostolici. Questi discorsi, a mio avviso, costituiscono una fonte privilegiata per la comprensione degli orientamenti di Wojtyła per la promozione del dialogo interreligioso, radicato nel Vaticano II, attento agli atti del Segretariato per le religioni non cristiane, interessato alle diverse situazioni locali. La lettura di questi discorsi è quindi utile per comprendere come il Concilio, in particolare la dichiarazione *Nostra aetate*,

---

[1] Sul rapporto tra Giovanni Paolo II e il Concilio Vaticano II rimando al sempre attuale G. MARENGO, *Giovanni Paolo II e il Concilio. Una sfida e un compito*, Siena 2011.

[2] Tra le numerose biografie di Giovanni Paolo II segnalo A. RICCARDI, *Giovanni Paolo II. La biografia*, Cinisello Balsamo (Mi) 2011; suggestiva per l'interpretazione del pontificato durante il suo svolgimento, A. RICCARDI, *Governo carismatico. 25 anni di pontificato*, Milano 2003. In occasione della canonizzazione si è assistito alla pubblicazione di nuovi studi, memorie e commenti sulla figura del Pontefice polacco.

dovesse essere considerato il punto di partenza di un dialogo
tra la Chiesa Cattolica e le religioni al fine di realizzare progetti
condivisi per la pace, tenendo conto del cammino universale in
atto e delle peculiarità delle realtà locali. Nel primo viaggio in
Africa (2-12 maggio 1980) Giovanni Paolo II si rivolse prima
ai musulmani e poi agli indù (il 7 maggio, in Kenya), il giorno dopo, in Ghana, alle comunità islamiche locali; ancora in
Ghana, il 9 maggio, parlò del legame tra l'evangelizzazione, il
cammino ecumenico e il rispetto delle tradizioni religiose afri-
cane di fronte ai vescovi del Ghana, ricordando quanto questo
legame fosse vitale per la Chiesa che si doveva confrontare con
la recezione del Vaticano II. Sempre nel corso di questo viaggio
in Africa, il 20 maggio, a Ouagadoudou (la capitale dell'allora
Alto Volta, oggi Burkina Faso), Giovanni Paolo II insistette sul
rapporto tra cattolici e musulmani come elemento per la crescita culturale del Paese. Il 30 maggio, a Parigi, durante il suo
viaggio in Francia (che toccò la capitale e Lisieux, 30 maggio-2
giugno 1980), si rivolse alle comunità islamiche francesi, chia-
mando i musulmani «fratelli nella fede» in un discorso che voleva favorire il superamento di quelle difficoltà che impedivano
un dialogo fraterno tra cristiani e musulmani in Francia, dove
ancora pesavano le eredità storiche del passato e le difficoltà
presenti di integrazione.

L'anno seguente, prima del tragico attentato del 13 maggio,
Giovanni Paolo II compì un lungo viaggio apostolico in Asia
(16-27 febbraio 1981), toccando il Pakistan, le Filippine, l'isola
di Guam e il Giappone (con una tappa conclusiva ad Anchorage,
in Alaska). In questo viaggio numerosi furono gli interventi nei
quali affrontò il tema del dialogo tra le fedi, con una particolare
attenzione alle relazioni cattolici-musulmani, chiamati a sviluppare la fraternità per definire delle iniziative comuni. Tornato
in Africa (12-19 febbraio 1982), in un viaggio che lo condusse
in Nigeria, Benin, Gabon e Guinea Equatoriale, Wojtyła parlò
del dialogo interreligioso, in particolare dei rapporti con l'islam,
in due discorsi in Nigeria, mettendo in evidenza gli elementi

comuni tra le religioni, e facendo un rinnovato invito al rispetto della pluralità di culture che animavano il grande Stato africano.

Nel 1984 (viaggio apostolico in Corea, Papua Nuova Guinea, Isole Salomone e Thailandia, 2-11 maggio) il Papa parlò, in diverse occasioni, del significato e del valore del dialogo per la Chiesa Cattolica, soffermandosi sulla sua importanza per la riconciliazione fra i popoli, l'affermazione della libertà religiosa e la crescita culturale dei singoli paesi. Su questi temi il Pontefice tornò a Bruxelles, durante il suo viaggio nel Benelux (11-21 maggio 1985), rivolgendosi ai rappresentanti delle comunità islamiche per ricordare quanto utile fosse il dialogo in vista di un arricchimento spirituale con il quale poter interagire con la società contemporanea. Poche settimane dopo, di nuovo in Africa, (Togo, Costa d'Avorio, Camerun, Repubblica Centro-Africana, Zaire, Kenya e Marocco, 8-19 agosto 1985), Giovanni Paolo II parlò di come il dialogo doveva svilupparsi per favorire la conoscenza delle tradizioni locali, come primo passo per definire un cammino condiviso in favore del bene comune; in questo viaggio dedicò anche alcuni interventi al dialogo islamo-cristiano, soprattutto nella tappa in Marocco, dove a Casablanca parlò ai giovani musulmani: disse che la Chiesa voleva proseguire quei percorsi per scoprire i valori comuni sull'uomo e per valorizzare la spiritualità islamica nella prospettiva di vivere in maniera dinamica questo dialogo nella società. L'anno seguente, in India (31 gennaio-11 febbraio 1986), papa Wojtyła parlò della libertà religiosa, del dono della pace, della centralità del dialogo nella missione della Chiesa, della spiritualità indiana per la ricerca della verità, dei benefici e dei frutti del dialogo tra cristiani e induismo[3]. Questi interventi, che rappresentano solo una parte

---

[3] Come nel caso di Paolo VI, per gli scritti di Giovanni Paolo II, citati qui di seguito, cfr. Giovanni Paolo II, *Insegnamenti*, volumi 1-28, Città del Vaticano 1979-2006; per una raccolta degli interventi sul dialogo interreligioso, cfr. *Il dialogo interreligioso nell'insegnamento ufficiale...*, *cit.*, pp. 84-164, 315-1461.

delle parole di Giovanni Paolo II su e per il dialogo interreligioso, mostrano come il Pontefice avesse maturato delle priorità nella costruzione di rapporti con le altre religioni; alla luce dell'esperienza del Vaticano II, che andava ben oltre i documenti promulgati, la Chiesa doveva trovare delle forme con le quali sviluppare il dialogo per conoscere sempre meglio l'altro, nella prospettiva di condividere spiritualità e valori necessari per intervenire nella società contemporanea (in cui la dimensione religiosa era sempre più marginale). Per il Papa si doveva trovare il modo di manifestare il comune impegno delle fedi nella condanna e nella lotta contro la violenza e a favore della pace, fondata sui valori religiosi che mettevano al centro l'uomo. Si doveva fare un gesto: invitare le religioni ad Assisi per pregare per la pace, chiedendo al mondo un giorno di tregua dalle armi in nome di Francesco, che aveva speso la sua vita per il dialogo, nell'accoglienza dell'altro.

LA SVOLTA DI ASSISI
LA CELEBRAZIONE DELL'INCONTRO
(27 OTTOBRE 1986)[4]

All'annuncio della decisione di invitare ad Assisi i rappresentanti delle Chiese e comunità cristiane e delle religioni non cristiane per un incontro per la pace, tra le molte domande che questa decisione suscitò poche furono quelle relative alle ragioni che avevano spinto il Papa a scegliere Assisi[5]. Infatti, seppure non mancarono coloro che chiedevano che questo incontro si svolgesse a Roma per riaffermare la centralità romana, appariva evidente che la scelta di Assisi era particolarmente indicata, dal momento che richiamava immediatamente la figura di France-

---

[4] Per una prima cronaca dell'incontro di Assisi cfr. *L'Osservatore Romano*, 27-28 ottobre 1986, pp. 1-6.

[5] Giovanni Paolo II vi si era recato poche settimane dopo l'elezione, il 5 novembre 1978, e poi ancora il 12 marzo 1982.

sco, identificato, anche al di fuori del cristianesimo, come l'uomo dell'incontro e del dialogo, così come lo descrivevano le fonti francescane e una certa loro tradizione.

Nella giornata che precedette l'incontro di Assisi Giovanni Paolo II era a Perugia: per comprendere il clima della vigilia appare utile la lettura dei suoi discorsi; il Papa si rivolse ai cittadini e alle autorità civili, ai docenti e agli studenti dell'Università, e poi alla Chiesa di Perugia, agli ammalati, ai rappresentanti del mondo del lavoro. La giornata a Perugia si concluse con la celebrazione eucaristica nello stadio cittadino insieme ai vescovi dell'Umbria; in quest'occasione, ancora una volta, ricordò l'importanza dell'eredità del Vaticano II e di essere (e farsi) luogo di dialogo per la Chiesa nell'annuncio dell'Evangelo[6].

La giornata del 27 ottobre si aprì con una celebrazione eucaristica nella cappella della Casa del Sacro Cuore a Perugia per le monache di clausura «giunte anche da Assisi, dove oggi rappresentanti delle Chiese e comunioni cristiane e delle grandi religioni del mondo si troveranno insieme per pregare per la pace»; proprio per l'incontro di Assisi Giovanni Paolo II chiede una preghiera in modo che l'iniziativa «porti frutti abbondanti di riconciliazione, di giustizia e di pace; sia un richiamo a tutti gli uomini di buona volontà alla necessità della preghiera per la salvezza dell'umanità; sia una testimonianza di fraternità da parte di tutti gli uomini religiosi della terra». Per il Pontefice è importante che tutta la Chiesa si senta coinvolta proprio con la preghiera, augurandosi che la giornata abbia una «buona riuscita»[7].

Ad Assisi la giornata è scandita dall'incontro, dalla preghiera, dal digiuno e ancora dall'incontro con l'ascolto reciproco, come

---

[6] Per una cronaca della visita a Perugia, cfr. *L'Osservatore Romano*, 27-28 ottobre 1986, pp. 7-12.

[7] Su questa celebrazione eucaristica, cfr. P. Messa, "Lo 'spirito di Assisi': dall'identità eucaristica al dialogo interreligioso", in *Forma sororum*, 42 (2005), pp. 210-216.

segno di un cammino di condivisione, nel rispetto delle proprie tradizioni; della giornata, contraddistinta anche da gesti e parole di tanti leader religiosi, il Papa, come era prevedibile, è l'assoluto protagonista: ripercorrere i suoi interventi appare quindi necessario per comprendere cosa è stato Assisi.

Nella cattedrale di San Rufino Giovanni Paolo II incontra i rappresentanti delle Chiese e comunità cristiane che hanno accolto il suo invito; si rivolge ai cristiani partendo da un passo della Lettera agli Efesini (2,14) che offre una definizione di Gesù Cristo: «È la nostra pace, colui che ha fatto dei due un popolo solo, abbattendo il muro di separazione che era frammezzo, cioè l'inimicizia». Prima di iniziare la sua riflessione, il Papa esprime il suo speciale ringraziamento per «i capi e i rappresentanti delle altre Chiese cristiane e comunità ecclesiali, che hanno contribuito a preparare questa Giornata», distinguendo poi tra coloro che sono presenti fisicamente e coloro che hanno inviato dei loro delegati. Per lui è «significativo» che i cristiani abbiano deciso di riunirsi nel nome di Gesù Cristo all'avvicinarsi delle celebrazioni per il terzo millennio del cristianesimo: un richiamo esplicito al Giubileo. Anche se mancano ancora quattordici anni alla sua apertura, infatti, esso compare già nei pensieri di Giovani Paolo II, tanto che si potrebbe leggere proprio l'incontro di Assisi come una sorta di tappa di avvicinamento al 2000. I cristiani si sono riuniti non per creare delle alleanze, dei fronti comuni, per difendersi da qualcuno o da qualcosa, ma, come dice il Papa, «per invocare lo Spirito Santo, e per chiedergli di colmare il nostro universo d'amore e di pace». La ricerca della pace è prioritaria per i cristiani, dal momento che si tratta di «un dono di Dio in Gesù Cristo, un dono che deve esprimersi in una preghiera a lui, che tiene nelle sue mani i destini di tutti i popoli»: per i cristiani la preghiera costituisce un passaggio fondamentale nella costruzione della pace; l'incontro di Assisi è «un altro anello nella catena di preghiere per la pace annodata da singoli cristiani, nonché da Chiese cristiane e comunità ecclesiali», una catena che per il Santo Padre si è venuta rafforzando e diffondendo in tante parti del mondo, coinvolgendo un numero crescente di individui. In questa azione i cristiani testimoniano la fedeltà a uno degli insegnamenti di Cristo: essere inviati nel mondo «per proclamare e per portare la pace». Questa azione di missione e di testimonianza per la pace trova fondamento nella riconciliazione, nella quale i cristiani vivono e della quale devono farsi annunciatori; in questa prospettiva portare la pace nel mondo diventa un «obbligo... per i discepoli di Cristo».

Proprio grazie all'esperienza di tale dialogo, così recente ma tanto partecipato e coinvolgente, i cristiani si sono incontrati ad Assisi «nella potenza dello Spirito Santo», che favorisce il cammino dei credenti nella comunione della Chiesa: per Giovanni Paolo II «la Chiesa stessa è chiamata a essere il segno efficace e lo strumento di riconciliazione e di pace per la famiglia umana». Il Papa non vuole nascondere le questioni che ancora dividono i cristiani, ma nonostante queste deve essere chiaro a tutti che quell'unità che già esiste in Cristo è «un segno per il mondo che Gesù Cristo è veramente il principe della pace». La stagione ecumenica che i cristiani stanno vivendo offre nuove possibilità di riconciliazione, favorendo e rafforzando la loro opera in favore della pace. L'incontro dei cristiani ad Assisi costituisce una tappa di questa nuova stagione, che richiede un maggiore impegno da una parte per la costruzione dell'unità e dall'altra per il superamento delle divisioni; si tratta di una tappa che deve coinvolgere tutti i seguaci di Cristo «sia come individui che come comunità», dal momento che il dialogo ecumenico non è qualcosa di puramente personale.

L'incontro dei cristiani ad Assisi deve essere un incontro di preghiera: si deve pregare per chiedere perdono per non essere stati capaci di compiere fino in fondo la missione del Signore; si deve pregare per la conversione del cuore e per il rinnovamento dello spirito, in modo da essere «veri promotori di pace» per offrire una testimonianza condivisa di Cristo, che è «un regno di verità e di vita, di santità e di grazia, di giustizia, d'amore e di pace». Giovanni Paolo II prosegue la sua riflessione sulla priorità di un'azione comune a tutti i cristiani in favore della pace, parlando del rapporto tra il dono di quest'ultima e la Resurrezione. Infatti, citando il vangelo di Giovanni (20,18-19), ricorda come il dono della pace sia strettamente connesso alla crocifissione del Cristo Risorto. In un tempo così profondamente sconvolto da guerre e divisioni, un tempo che può essere definito in un certo senso «crocifisso», evocare questa pagina del Vangelo dà forza e speranza ai cristiani nella loro lotta per la pace. Sapere della presenza di Cristo Risorto sostiene i cristiani nella loro azione per la costruzione della pace, rendendoli certi della possibilità di poter cambiare il mondo sconvolto dalla violenza; per questo, ad Assisi, il Papa rivolge l'invito a tutti i cristiani a «seguire lo Spirito di Cristo, che ci sostiene e ci guida a sanare le ferite del mondo con l'amore di Cristo che abita nei nostri cuori».

Questo invito non costituisce una novità, ma qui assume un significato del tutto particolare dal momento che indica la fonte e le prospettive del cammino ecumenico: quest'ultimo non è finalizzato solo alla realizzazione della comunione visibile ma anche alla definizione di una testimonianza in grado di cambiare il mondo, costruendo una pace che nella luce della Resurrezione non dimentichi le ferite della morte.

Nella preghiera i cristiani possono così trovare la forza per «discernere le vie della comprensione e del perdono reciproci», tanto più che la preghiera deve essere seguita da gesti concreti, come l'affermarsi della giustizia, senza la quale non si può costruire la pace. I cristiani sono quindi chiamati a pregare e ad agire, nella consapevolezza di doversi aprire a un cammino ecumenico in grado di coinvolgere i singoli e le comunità, cercando anche «di vivere in questo mondo insieme con persone di altre religioni, insieme con tutte le persone di buona volontà».

Giovanni Paolo II conclude la sua riflessione con un'invocazione all'amore: «Imploriamo lo Spirito Santo, che è l'amore del Padre e del Figlio, di impossessarsi di noi con tutta la sua potenza, di illuminare le nostre menti e riempire i nostri cuori col suo amore».

Al termine della giornata, si rivolge a tutti i partecipanti nella piazza di fronte alla basilica di San Francesco, in un luogo particolarmente suggestivo, dal forte valore simbolico non solo per i cattolici ma per tutti coloro che si riconoscono nel messaggio di povertà annunciato e vissuto da Francesco. Al Papa viene chiesto di concludere questa giornata dopo le preghiere delle singole religioni, con le quali è stato espresso, in forme diverse ma nella stessa direzione, quanto centrale deve essere l'azione delle fedi nel costruire la pace.

Il Santo Padre parla ai «cari fratelli e sorelle, Capi e rappresentanti delle Chiese cristiane e comunità ecclesiali e delle religioni mondiali, Cari amici», rivolgendosi a coloro che hanno preso parte alla Giornata mondiale di preghiera per la pace come «un fratello e un amico, ma anche come un credente in Gesù Cristo, e, nella Chiesa cattolica, il primo testimone della fede in lui». Il suo discorso si apre con una riflessione sulla preghiera cristiana, che ha concluso la serie delle preghiere che ciascuna religione ha recitato: tutti i cristiani condividono l'idea «che in Gesù Cristo, quale Salvatore di tutti, è da ricercare la vera pace, "pace a coloro che sono lontani e pace a quelli che sono vicini" (Ef 2,17)». La pace è strettamente legata alla vita di Gesù, dalla nascita, alla predicazione, morte e resurrezione, tanto da poter riassumere tutto questo con le parole di Paolo nella Lettera agli Efesini: «Egli è la nostra pace».

Proprio per questo il Papa si è rivolto ai cristiani e alle religioni mondiali «in spirito di profondo amore e rispetto»; certamente i cristiani condividono molto, anche riguardo alla pace, mentre con le religioni non cristiane il Santo Padre si sente di condividere «un comune rispetto e obbedienza alla coscienza, la quale insegna a noi tutti a cercare la verità, ad amare e servire tutti gli individui e tutti i popoli, e perciò a fare pace tra i singoli e tra le nazioni». L'essere sensibili e obbedienti alla voce della coscienza costituisce un elemento essenziale per la costruzione di un mondo di pace; si tratta per Wojtyła di un passaggio quasi scontato nel momento in cui si accetta l'idea che «tutti gli uomini e le donne in questo mondo hanno una natura comune, un'origine comune e un comune destino». Naturalmente egli non ignora quali e quante siano le differenze ma è convinto che si debba trovare una prospettiva condivisa per costruire la pace e sconfiggere la guerra.

La dimensione della preghiera, pur declinata in modi molto diversi, appartiene a tutte le religioni, che cercano così di esprimere «una comunicazione con un Potere che è al di sopra di tutte le nostre forze umane». Per il Pontefice è evidente che la pace si può realizzare solo grazie al contributo di questo «Potere». L'incontro di Assisi deve essere letto proprio in questa prospettiva, come un'azione comune per la pace: «Per la prima volta nella storia ci siamo riuniti da ogni parte, chiese cristiane e comunità ecclesiali e religioni mondiali, in questo luogo sacro dedicato a san Francesco per testimoniare davanti al mondo, ciascuno secondo la propria convinzione, la qualità trascendente della pace». Anche dopo questa giornata, nella quale in tanti hanno fatto l'esperienza della condivisione, appare evidente che la diversità, per contenuto e per forma, delle preghiere rende impossibile «ridurle a un genere di comune denominatore». Si tratta di un'affermazione con la quale, da una parte, si vuole sgombrare il campo dalla possibilità, e dal timore, della creazione di una super-preghiera che sia specchio di una super-religione, e dall'altra si vuole invece affermare l'idea che, nonostante queste differenze, proprio ad Assisi si è potuto scoprire «qualcosa che ci unisce».

Di fronte al problema della vita e della morte per Giovanni Paolo II sono due le questioni sulle quali ci si deve soffermare: la prima riguarda «l'imperativo interiore della coscienza morale, che ci ingiunge di rispettare, proteggere e promuovere la vita umana, dal seno materno fino al letto di morte, in favore degli individui e dei popoli, ma specialmente dei deboli, dei poveri, dei derelitti» in modo da sconfiggere lo spirito di vendetta. La seconda è «la convinzione che la pace va ben oltre gli sforzi umani, soprattutto nella presente situazione del mondo, e che perciò la sua sorgente e realizzazione vanno ricercate in quella Realtà che è al di là di tutti noi».

Per il Papa esiste uno stretto legame tra le due questioni, che pure sono pensate in termini molto diversi dalle singole religioni. Per i cattolici «la pace porta il nome di Gesù Cristo»; ciò non toglie tuttavia che si debbano rileggere le vicende storiche della Chiesa Cattolica per conoscere quegli episodi che testimoniano che non sempre i cattolici sono stati fedeli a queste parole: alla luce di questa memoria storica, per i cattolici Assisi rappresenta «un atto di penitenza», con il quale indicare il desiderio della Chiesa di ripensare ai momenti nei quali non è stata fedele al comandamento della pace di Cristo. Pregare, «ciascuno nel suo modo», digiunare e marciare insieme mostrano la volontà di tutti i partecipanti di voler condividere le sofferenze del mondo, pensando a un cammino comune che nasce da Assisi e in grado di condurre a una pace fondata sulla giustizia. Per questo il Pontefice si augura che «il pellegrinaggio ad Assisi ci abbia insegnato di nuovo ad essere coscienti della comune origine e del comune destino dell'umanità». L'esperienza di Assisi può essere letta come «un'anticipazione di ciò che Dio vorrebbe che fosse lo sviluppo storico dell'umanità: un viaggio fraterno nel quale ci accompagniamo gli uni gli altri verso la meta trascendente che egli stabilisce per noi».

L'incontro nella cittadina umbra ha avuto un duplice effetto; da un lato ha reso i partecipanti più coscienti di cosa chiede loro la propria religione in materia di dialogo e condivisione, dall'altro ha mostrato al mondo il compito delle fedi nella costruzione della pace: «Forse mai come ora nella storia dell'umanità è divenuto a tutti evidente il legame intrinseco tra un atteggiamento autenticamente religioso e il grande bene della pace». Si tratta di una grande responsabilità nei confronti del mondo, responsabilità che può essere affrontata facendo ricorso alla preghiera e promuovendo un'azione quotidiana per mettersi realmente e pienamente al servizio della causa della pace. In questo modo le religioni potranno essere in grado di dare delle risposte ai bisogni dell'uomo e della donna contemporanei: per costruire la pace si deve avere «un amore appassionato per la pace» con il quale vi-

vere nuovi gesti di dialogo, di riconciliazione, di giustizia al fine
di spezzare «le catene fatali delle divisioni ereditate dalla storia o
generate dalle moderne ideologie». I cattolici devono sapere che
a loro è chiesto di fare un passo «verso i nostri fratelli e sorelle,
per incoraggiarli a costruire la pace sui quattro pilastri della verità, della giustizia, dell'amore e della libertà»; viene qui descritta
una prospettiva che evoca e rinvia all'enciclica *Pacem in terris* di
Giovanni XXIII[8].

Alla costruzione della pace tutti sono chiamati «attraverso
mille piccoli atti della vita quotidiana», con la preoccupazione
di trovare strade per un sempre più forte coinvolgimento dei
giovani, che possono «contribuire a liberare la storia dalle false
strade in cui si svia l'umanità». La pace non è solo una responsabilità dei singoli, ma nella sua costruzione le nazioni in quanto
tali devono giocare un ruolo riaffermando «la convinzione della sacralità della vita umana e il riconoscimento dell'indelebi-
le uguaglianza di tutti i popoli tra loro», soprattutto nei luoghi
dove questi diritti sembrano essere in pericolo. Per questo da
Assisi si rivolge un invito alle nazioni e alle organizzazioni internazionali per promuovere il dialogo là dove il cammino verso
la pace è in difficoltà: «Noi offriamo il nostro sostegno ai loro
sforzi spesso sfibranti per mantenere o ristabilire la pace. Noi
rinnoviamo il nostro incoraggiamento all'ONU perché possa
corrispondere pienamente all'ampiezza e all'elevatezza della sua
missione universale di pace».

---

[8] Giovanni XXIII aveva firmato l'enciclica *Pacem in terris* l'11 aprile 1963;
sul contenuto dell'enciclica, considerata il testamento spirituale di papa Roncalli, con alcune note sulla sua recezione (che è stata vasta, coinvolgendo ambienti anche esterni alla Chiesa Cattolica), cfr. A. MELLONI, *Pacem in terris.
Storia dell'ultima enciclica di Papa Giovanni*, Bari/Roma 2010. Per una recente
rilettura dell'enciclica, cfr. F. GIOVANNELLI, "A 50 anni dalla *Pacem in terris*
di Giovanni XXIII: la permanente attualità di un messaggio e il suo respiro
'ecumenico'", in *Tra ragione e fede*, a cura di E. Botto, F. Citterio e A. Gerolin,
Milano 2015, pp. 139-152.

Il Papa ricorda il suo appello lanciato a Lione per una cessazione delle ostilità nel nome di san Francesco proprio per il 27 ottobre[9]: esso sembra essere stato accolto, facendo registrare una giornata di tregua nei tanti conflitti che insanguinano molti paesi. L'appello è stato quindi un gesto che ha dato dei frutti e che spinge a pensare a quali mezzi debbano essere messi in campo per creare, coltivare e far crescere la pace in un tempo nel quale se ne sente il bisogno. Ad Assisi le religioni hanno pregato e hanno testimoniato il loro desiderio in questo senso; questa esperienza straordinaria e unica deve diventare qualcosa di quotidiano, tanto da essere una «lezione permanente»: «È la lezione di san Francesco che ha incarnato un ideale attraente per noi; è la lezione di santa Chiara, la sua prima seguace. È un ideale fatto di mitezza, umiltà, di senso profondo di Dio e di impegno nel servire tutti. San Francesco era un uomo di pace». Per Giovanni Paolo II la stessa vita di Francesco è un esempio di questo stile di povertà, umiltà, ascolto e dialogo che rinvia a Cristo; anche la vita di Chiara può essere considerata esemplare per la sua dedizione alla preghiera. «Francesco e Chiara sono esempi di pace: con Dio, con se stessi, con tutti gli uomini e le donne in questo mondo. Possano quest'uomo santo e questa santa donna ispirare tutti gli uomini e le donne di oggi ad avere la stessa forza di carattere e amore per Dio e per i fratelli, per continuare sul sentiero sul quale dobbiamo camminare assieme». Proprio dall'esempio di Francesco e di Chiara e alla luce dell'incontro di Assisi i partecipanti sono chiamati a riesaminare le proprie «coscienze, ad ascoltare più fedelmente la loro voce», a purificare i propri «spiriti dal pregiudizio, dall'odio, dall'inimicizia, dalla gelosia e dall'invidia». Si deve costruire la pace pensando sempre all'unità della famiglia umana, nella

---

[9] L'appello era stato lanciato a Lione il 4 ottobre 1986 durante il suo viaggio apostolico in Francia (4-7 ottobre 1986), che lo aveva condotto a Lione, Taizé, Paray-le-Monial, Fourvière, Ars e Annecy.

convinzione che da soli nessuno può pensare di realizzare questo dono di Dio.

Giovanni Paolo II invita quindi i leader del mondo a conoscere la preghiera rivolta a Dio per la pace e a impegnarsi loro stessi nella sua realizzazione «con coraggio e lungimiranza». Infine rivolge a tutti coloro che hanno preso parte all'incontro nella città di san Francesco (un tempo «di preghiera, di digiuno e di pellegrinaggio») un grazie speciale per aver accolto il suo invito. Il Papa sente il dovere di rendere grazie «a Dio e Padre di Gesù Cristo per questo giorno di grazia per il mondo, per ciascuno di voi, e per me stesso. Lo faccio invocando la vergine Maria, regina della pace. Lo faccio con le parole della preghiera che è comunemente attribuita a san Francesco, perché ben ne rispecchia lo spirito: "Signore, fa' di me uno strumento della tua pace: dove è odio, ch'io porti l'amore; dove è offesa, ch'io porti il perdono; dove è discordia, ch'io porti l'unione; dove è dubbio, ch'io porti la fede; dove è errore, ch'io porti la verità; dove è disperazione, ch'io porti la speranza; dove è tristezza, ch'io porti la gioia; dove sono le tenebre, ch'io porti la luce. Maestro, fa' che io non miri tanto: ad essere consolato, quanto a consolare; ad essere compreso, quanto a comprendere; ad essere amato, quanto ad amare: poiché donando si riceve, perdonando si è perdonati, morendo si risuscita a vita eterna"».

DOPO ASSISI
COMMENTI E REAZIONI ALL'INCONTRO

L'incontro di Assisi, per il suo contenuto, per il livello di partecipazione, per l'attenzione suscitata nei *mass-media*, fin dalla sua conclusione ha avuto una vasta, articolata e controversa recezione; è interessante notare che, per certi versi, la sua recezione rispecchiava i giudizi che venivano espressi sul Concilio Vaticano II, anche perché unanime era il giudizio che l'incontro fosse radicato su di esso (come lo stesso Papa aveva ricordato fin dall'annuncio di questa iniziativa). Nel commentare l'evento, che ebbe un'appendice in un incontro tra il Pontefice e i rappresentanti delle religioni a Roma il 29 ottobre, era evidente una forte polarizzazione, almeno all'interno della Chiesa Cattolica, tra coloro che leggevano Assisi come un passaggio necessario e significativo (talvolta cogliendolo come una risposta ai «segni dei tempi» di conciliare memoria), e coloro che invece vi scorgevano un pericoloso cedimento della verità all'errore, così pericoloso da mettere in pericolo l'esistenza stessa della Chiesa. Fra i detrattori, fin dall'inizio ci furono gli ambienti "tradizionalisti" che, in qualche modo, si riconoscevano nelle battaglie che stava conducendo mons. Marcel Lefebvre (1905-1991), che già al Vaticano II si era segnalato come uno dei più decisi e strenui avversari del rinnovamento conciliare[10]. Questi ambienti tradizionalisti fecero sentire la loro voce contro quanto Giovanni Paolo II stava pensando di fare e, una volta concluso l'incontro di Assisi, fecero notare ciò che per loro era un grave errore dogmatico, cioè il fatto che il Papa avesse messo la Chiesa sullo stesso piano delle altre religioni; per loro l'incontro mostrava ancora una volta come fosse in atto un tradimento irreversibile della tradizione, nel momento in cui la Chiesa Cattolica cercava un dialogo che non fosse finalizzato alla conversione di coloro che erano nell'errore. Non era possi-

---

[10] Su Marcel Lefebvre si può vedere la biografia, seppur su tanti aspetti fin troppo simpatetica: B. Tissier de Mallerais, *Mons. Marcel Lefebvre: una vita*, Chieti 2005; alla sua partecipazione al Concilio Vaticano II e al *Coetus internationalis Patrum*, del quale Lefebvre fu uno dei fondatori, lo studioso canadese Philippe Roy-Lysencourt ha dedicato una monumentale tesi di dottorato che ha dato origine a una serie di interessanti pubblicazioni, tra le quali segnalo il repertorio: Ph. Roy-Lysencourt, *Les membres du Coetus Internationalis Patrum au concile Vatican II. Inventaire des interventions et souscriptions des adhérents et sympathisants; liste des signataires d'occasion et des théologiens*, Leuven 2014. Sulla partecipazione di Lefebvre al Vaticano II, cfr. P. Doria, "Marcel Lefebvre CSSp, padre conciliare (1959-1965)", in *Centro Vaticano II. Studi e ricerche*, 8 (2014), pp. 143-183. Sui rapporti con la Santa Sede, cfr. G. Leclerc, *Roma e i lefebvriani*, Cinisello Balsamo (Mi) 2011 e, pur con qualche forzatura ideologica, G. Miccoli, *La Chiesa dell'anticoncilio. I tradizionalisti alla riconquista di Roma*, Bari/Roma 2011.

bile pensare al dialogo ecumenico e interreligioso nei termini definiti al Vaticano II e come avevano fatto Paolo VI e Giovanni Paolo II, perché voleva dire mettere in pericolo la tradizione della Chiesa Cattolica. L'incontro di Assisi era stato quindi un «abominevole congresso delle religioni» che avrebbe condotto la Chiesa a un indifferenziato sincretismo, facendole perdere la missione che aveva ricevuto da Cristo: dunque la decisione di Wojtyła di convocare la Giornata delle religioni per la pace non era un gesto profetico o coraggioso, come invece ripetevano coloro che apprezzavano l'iniziativa, cogliendo la sua profonda dipendenza dallo spirito del Vaticano II più che dalla lettera[11].

Lo schieramento di coloro che erano contrari ad Assisi comprendeva anche la Chiesa Valdese: infatti, fin dall'annuncio dell'incontro, non erano mancate al suo interno le voci che si erano schierate contro questa iniziativa, non tanto per le sue finalità quanto per le modalità. I valdesi erano a favore di un impegno concreto dei cristiani per la pace, impegno che poteva assumere una dimensione interreligiosa; si trattava di una posizione che era in perfetta sintonia con le iniziative promosse dal Consiglio ecumenico delle Chiese. I valdesi erano però fortemente critici sulle modalità con le quali era stato pensato e convocato l'incontro; infatti non si poteva accettare l'idea che il Papa si arrogasse il diritto di convocare le religioni, come se la Chiesa Cattolica rappresentasse tutti i cristiani, mentre, come osservavano alcuni valdesi, essa non aveva nessun titolo per promuovere la pace, se non dopo avere riconosciuto tutti i suoi limiti in proposito: la Chiesa Cattolica sembrava voler imporre una "*pax vaticana*" che non aveva possibilità di mutare le cose perché era formulata da un

---

[11] Per una critica degli ambienti tradizionalisti alle scelte del magistero pontificio a favore del dialogo, cfr. N. Buonasorte, "Dalla chiesa di Cristo alla religione dell'arcobaleno? La lettura 'tradizionalista' dell'ecumenismo e del dialogo interreligioso", in *Studia Patavina*, 47 (2000), pp. 515-522.

soggetto poco credibile che non poteva fregiarsi del titolo di "suprema autorità morale del mondo"[12].

Accanto a queste critiche, che ricevettero ampio spazio sui *mass-media*, e ad altre più sfumate[13], ci furono molte reazioni positive da prospettive e ambienti molto diversi; da tanti venne apprezzato il coraggio del Pontefice nell'andare oltre la lettera del Vaticano II, cercando di cogliere un bisogno della società contemporanea, cioè il superamento della violenza, come primo passo per la costruzione della pace. Con l'incontro di Assisi, per molti, era evidente che la Chiesa Cattolica avesse aperto una nuova stagione nel dialogo interreligioso: infatti il Papa aveva indicato la strada per una collaborazione che doveva coinvolgere le comunità locali partendo dalle proprie identità, da conoscere, valorizzare e condividere senza nessuna pretesa di creare una super-religione. In questo cammino la Chiesa Cattolica mostrava di voler coinvolgere gli altri cristiani in modo da dare a questa stagione una dimensione ecumenica, riprendendo così alcune delle idee del Concilio che, pur non trovando spazio in modo compiuto nei documenti promulgati, erano state riprese e sviluppate nella recezione. Si apprezzava il carattere spirituale e pastorale dell'incontro di Assisi, dove il tempo della preghiera aveva convissuto con la riflessione su cosa fare concretamente per realizzare la pace.

Tra coloro che avvertirono come più forte e ineluttabile l'invito a costruire la pace partendo dal dialogo dopo l'esperienza di Assisi, ci furono i francescani che, pur con modalità e tempi diversi a seconda delle singole "famiglie francescane", dettero vita a una serie di iniziative a vario livello. Tra queste vanno ricordate quelle pro-

---

[12] Esemplari di queste posizioni possono essere due articoli pubblicati sul settimanale *La Luce*: L. Deodato, "Assisi? No grazie", 76/42 (31/10/1986), p. 1 e C. Milaneschi, "La pace: il simbolo e la realtà", 76/43 (1986), pp. 1, 11.

[13] A queste si possono ricondurre anche le osservazioni di von Balthasar, cfr. P. Messa, "Hans Urs von Balthasar e lo 'spirito di Assisi'", in *Communio*, 203-204 (2003), pp. 207-218.

mosse dall'Ordine dei Frati Minori (OFM); al suo interno si era
già manifestata una certa attenzione per il dialogo, in particolare
per il dialogo islamo-cristiano, tanto da organizzare un convegno
internazionale sull'islam ad Assisi nel 1982: il convegno contribuì
alla nascita di una Commissione per il dialogo con l'islam l'anno
seguente, come gesto concreto per pensare in termini nuovi i rapporti tra la Chiesa Cattolica e il mondo musulmano partendo da
una migliore conoscenza di luoghi, figure e documenti di dialogo
nella storia. Nella nuova stagione aperta con l'incontro di Assisi
un posto privilegiato venne assunto dal recupero e dallo sviluppo
di fonti e immagini di e su Francesco, con le quali approfondire
la riflessione sulla centralità del dialogo nella testimonianza cristiana; in questo recupero un ruolo del tutto particolare assunse la
rilettura dell'episodio dell'incontro di Francesco con il sultano, sul
quale torneremo tra poco. In questa stagione, come ha ricordato
di recente il padre francescano Hermann Schalück[14], che fu ministro generale negli anni 1991-1997, si realizzarono molti passi
che portarono alla definizione di contenuti, modalità e finalità
del servizio a favore del dialogo ecumenico, interreligioso e interculturale da parte della tradizione francescana: il 13 maggio 1996
venne istituto il Servizio per il Dialogo dell'OFM, mentre, solo
per citare un esempio tra i molti, la fondazione di un Istituto di
Studi Ecumenici, pensato per essere luogo di formazione alla teologica ecumenica, apparteneva a un'altra stagione ecclesiale, dal
momento che voleva rispondere a una richiesta di alcuni vescovi
italiani particolarmente interessati alla promozione del dialogo
ecumenico nella Chiesa in Italia in modo da favorire la recezione
del Vaticano II a metà degli anni '80[15].

---

[14] H. SCHALÜCK, "Dialog im Werden Erfahrungen und Impulse aus mei-
ner Zeit in der Ordensleitung OFM (1985-1997)", in *Colloquia Mediterranea*,
1/2 (2011), pp. 19-38.

[15] Sulla fondazione dell'Istituto di Studi Ecumenici, che ha avuto la sua
prima sede a Verona (presso il convento francescano di San Bernardino) prima
di essere accolto dal cardinale Marco Cé a Venezia (trovando una nuova sede

Più direttamente legata alla necessità di approfondire lo "spi rito di Assisi", secondo le indicazioni di Giovanni Paolo II per il recupero della figura di san Francesco, è la fondazione del Centro Francescano Internazionale per il Dialogo dei Frati Minori Conventuali nel 1989, anche se si dovrebbe parlare di ristrutturazione più che di fondazione: fin dal 1972 esisteva infatti un Centro Ecumenico, che successivamente assunse il nome di Centro di Apostolato Ecumenico presso il Sacro Convento, con il compito di sviluppare la dimensione del dialogo nell'ordine francescano e a partire dalla sua tradizione. Si deve soprattutto all'opera di padre Massimiliano Mizzi (1930-2008) la sua crescita: grazie ai suoi interventi, alla sua presenza, alle sue iniziative, alla sua attenzione al dialogo interreligioso il Centro è diventato un punto di riferimento nell'ordine francescano per il dialogo, nella luce dell'esperienza di san Francesco, da far conoscere e da condividere tanto più dopo l'incontro del 1986[16].

In questo quadro, così movimento, fin dall'immediata conclusione della Giornata di preghiera per la pace emerse, con sempre maggiore forza, l'idea che esistesse uno "spirito di Assisi" in grado di promuovere un dialogo tra le religioni per la pace; in tale dialogo, proprio grazie a questo "spirito" o addirittura in suo nome, assumeva un ruolo fondamentale la preghiera, recitata nello stesso luogo, talvolta insieme, spesso conclusa con un momento di condivisione concreta. Nella molteplicità di iniziative che si richiamavano direttamente allo "spirito di Assisi" in

---

nel convento di San Francesco della Vigna), si possono leggere alcune note, anche di carattere autobiografico: T. Vetrali, "La scuola teologica ecumenica. La fondazione dell'Istituto di Studi Ecumenici S. Bernardino", in *Studi Ecumenici*, 26 (2008), pp. 553-568; per una presentazione del suo presente, cfr. R. Giraldo, "Uno stile di vita. L'Istituto di Studi Ecumenici San Bernardino di Venezia", in *Colloquia Mediterranea*, 1 (2011), pp. 75-86.

[16] Di padre Massimiliano Mizzi è ora disponibile un'ampia raccolta degli scritti: *Un francescano sulle strade del mondo. Massimiliano Mizzi, profeta del dialogo ecumenico e interreligioso*, a cura di S. Bejan, Padova 2013.

tanti luoghi, con modalità molto diverse tra loro, ricoprì una posizione del tutto particolare, per il rilievo e le dimensioni della partecipazione ecumenica e interreligiosa, la preghiera per la pace promossa ogni anno dalla Comunità di Sant'Egidio, in una città sempre diversa.

Poche settimane dopo Assisi, il 10 gennaio 1987, nell'annuale discorso al corpo diplomatico, Giovanni Paolo II ricordava che «chi prega sinceramente Dio, come abbiamo cercato di fare in Assisi, contempla la volontà armoniosa di Dio creatore, l'amore che è in Dio, l'ideale di pace tra gli uomini, l'ideale che San Francesco ha incarnato in un modo incomparabile»: con queste parole si indicava la strada da percorrere per far sì che l'incontro di Assisi fosse la fonte alla quale la Chiesa Cattolica doveva attingere per promuovere un dialogo di e tra le religioni al fine di costruire la pace.

CAPITOLO III

DA ASSISI AD ASSISI

La recezione dell'incontro e il ritorno ad Assisi

Dall'incontro nella città di san Francesco nasceva l'idea che le religioni fossero chiamate a giocare un ruolo del tutto particolare nel mondo: dovevano trovare occasioni e temi da condividere per mostrare come insieme potessero costruire la pace nell'esperienza quotidiana delle comunità locali, cogliendo le ricchezze dello "spirito di Assisi", cioè quella dimensione spirituale che consentiva di comprendere le peculiarità delle diverse tradizioni religiose come elementi di forza per sconfiggere la violenza. Si cominciò così a evocare lo "spirito di Assisi" nel momento in cui si celebravano incontri interreligiosi che spesso si concludevano con una dichiarazione pubblica per un impegno concreto in favore della pace; negli anni che seguirono il 1986, si assistette così alla moltiplicazione di questi incontri, che assumevano modalità e caratteri molto diversi da luogo a luogo, pur condividendo tutti la scelta di un dialogo tra le fedi come premessa necessaria e ineludibile per la costruzione della pace. Questi incontri erano anche il risultato dell'impegno del Papa nel rafforzare lo "spirito di Assisi".

Giovanni Paolo II si spese per sviluppare la collaborazione tra le religioni in modo da trovare delle strade per costruire la pace, rilanciando la centralità del dialogo interreligioso; era una sfida alle tante guerre che insanguinavano il mondo, attraversato da eventi che misero prima in crisi e poi affondarono definitivamente la logica della contrapposizione tra blocchi emersa alla fine della Seconda guerra mondiale. Il crollo del Muro di Berlino dette l'illusione che si potesse aprire un tempo di distensione e di pace; questa illusione svanì ben presto: sorsero infatti nuovi conflitti che investirono anche l'Europa, come dimostrò la disintegrazione della Iugoslavia. Di fronte a questa situazione, Giovanni Paolo II chiedeva alla Chiesa Cattolica di essere protagonista del dialogo interreligioso in modo da vivere nella quotidianità lo "spirito di Assisi", che il Papa provvide a rinnovare con un secondo incontro nella città di san Francesco (1993); dopo l'11 settembre 2001 Giovanni Paolo II ne volle convocare un terzo per rendere più stringente l'impegno delle religioni, da sole e insieme, nel farsi portatrici della luce con la quale sconfiggere le tenebre della guerra.

LO "SPIRITO DI ASSISI"
INCONTRI E INIZIATIVE DI DIALOGO INTERRELIGIOSO PER LA PACE

«Continuate a vivere il messaggio della pace, continuate a vivere lo spirito di Assisi!»: come attuare le parole conclusive di Giovanni Paolo II nel 1986? A questa domanda in tanti cercarono di dare una risposta; tra questi vi erano soprattutto coloro che pensavano fosse possibile declinare le parole di Wojtyła alla luce dell'impegno del movimento ecumenico contemporaneo per la costruzione della pace, tanto più che questo impegno aveva trovato nuove prospettive dopo la celebrazione del Concilio Vaticano II[1].

---

[1] Il rapporto tra il dialogo ecumenico e la costruzione della pace è particolarmente interessante per la sua presenza nella storia del movimento ecumenico e per i contenuti di volta in volta definiti (sempre nella prospettiva di rafforzare l'idea che l'ecumenismo contemporaneo non possa prescindere da una testimonianza comune che rifiuti la guerra). Tra i molti passaggi del rapporto tra ecumenismo e pace ricordo la celebrazione della I Assemblea Ecumenica Europea (Basilea, 15-21 maggio 1989), organizzata dalla Commissione delle Conferenze

Fin dalla conclusione dell'incontro in tanti si mossero per vedere come tradurre nella realtà quotidiana lo "spirito di Assisi"; tra le numerose iniziative, che hanno assunto una molteplicità di forme delle quali manca una ricostruzione anche provvisoria (quanto mai necessaria per la comprensione del salto qualitativo compiuto nel dialogo interreligioso proprio grazie a quella Giornata), ne va evocata almeno una: gli Incontri internazionali per la pace promossi dalla Comunità di Sant'Egidio. Essi vanno citati non tanto per il loro valore esemplare, quanto per la dimensione globale e interreligiosa e per il rilievo che hanno assunto[2]. Senza entrare nel merito di ogni singolo incontro, l'i-

---

Episcopali d'Europa e dal Consiglio delle Chiese Europee, e il decennio di lotta contro la violenza, promosso dal Consiglio Ecumenico delle Chiese e conclusosi con l'Assemblea per la pace di Kingston (17-25 maggio 2011); sulla prima mi piace rinviare alle parole del cardinale Carlo Maria Martini, uno dei promotori e dei protagonisti dell'Assemblea di Basilea: C. M. Martini, "L'assemblea ecumenica di Basilea: Pace nella Giustizia", in *La Civiltà Cattolica*, 140/3 (1989), pp. 462-471; per un commento al documento finale, cfr. Re. Burigana, *Inquilini del mondo dal messaggio biblico al documento di Basilea*, Vicenza 1989; per una lettura dell'assemblea di Basilea alla luce dell'incontro di Assisi del 1986, cfr. *Pace, giustizia, creato. Il messaggio di Basilea secondo lo spirito di Assisi*, a cura delle Famiglie Francescane delle Marche, Jesi (An) 1989. Sull'assemblea di Kingston cfr. G. Novello, "Racconti e raccolti di pace. La Convocazione Internazionale Ecumenica a Kingston", in *Colloquia Mediterranea*, 1 (2011), pp. 69-74 e B. Salvarani, "Cristiani uniti per la pace. Convocazione ecumenica a Kingston (17-25 maggio)", in *Testimoni*, 34/9 (2011), pp. 1-3. Per alcune considerazioni generali su questo tema alla fine dello scorso millennio, cfr. G. Cereti, "Il dialogo interreligioso: orientamenti del CEC e degli organismi ecumenici della Chiesa Cattolica", in *Le chiese cristiane e le altre religioni: quale dialogo?*, a cura del Segretariato attività ecumeniche, Milano 1998, pp. 88-128.

[2] Ecco l'elenco degli Incontri internazionali per la pace, con i rispettivi temi: *La preghiera alla radice della pace* (Roma 1987), *Uomini di preghiera in cerca di pace* (Roma 1988), *Mai più guerra!* (Varsavia 1989), *Un mare di pace tra oriente e occidente* (Bari 1990), *Le religioni per un mare di pace* (Malta 1991), *L'Europa, le religioni e la pace* (Bruxelles 1992), *Terra degli uomini, invocazioni a Dio* (Milano 1993), *Amici di Dio. Testimoni di pace* (Assisi 1994), *Terre e cieli di pace* (Firenze 1995), *La Pace è il nome di Dio* (Roma 1996), *Conflitto o incontro: religioni e culture a un bivio* (Venezia-Padova 1997), *Pace è il nome di Dio. Dio, l'uomo, i popoli* (Bu-

niziativa della Comunità di Sant'Egidio nasce dal desiderio di mantenere vivo lo "spirito di Assisi", riunendo in uno stesso luogo, una volta all'anno, rappresentanti delle Chiese e comunità cristiane, esponenti delle religioni e personalità della politica per favorire un dialogo con il quale condividere speranze quotidiane e impegni concreti per la costruzione della pace. Alla conclusione di ogni incontro, scandito da momenti assembleari, tavole rotonde tematiche, preghiere e liturgie aperte a tutti, la lettura di una dichiarazione comune costituisce un passaggio fondamentale nel voler riaffermare cosa le religioni possono fare insieme per la pace, assumendosi impegni concreti da portare avanti in modo da sconfiggere la cultura della violenza in nome dei valori umani comuni alle religioni, e ponendo particolare attenzione alla riconciliazione delle memorie come elemento centrale per il superamento di pregiudizi e tensioni.

---

carest 1998), *Chiese sorelle. Popoli fratelli* (Genova 1999), *Oceani di pace: religioni e culture in dialogo* (Lisbona 2000), *Le frontiere del dialogo: religioni e civiltà nel nuovo secolo* (Barcellona 2001), *Religioni e culture: tra conflitto e dialogo* (Palermo 2002), *Tra guerra e pace: religioni e culture s'incontrano* (Aquisgrana 2003), *Religioni e culture: il coraggio di un nuovo umanesimo* (Milano 2004), *Religioni e culture: il coraggio di un umanesimo di pace* (Lione 2005), *Religioni e culture: il coraggio del dialogo* (Washington 2006), *Per un mondo di pace: religioni e culture in dialogo* (Assisi 2006), *Per un mondo senza violenza: religioni e culture in dialogo* (Napoli 2007), *La civiltà della pace: religioni e culture in dialogo* (Cipro 2008), *A 70 anni dallo scoppio della seconda guerra mondiale: religioni e culture in dialogo* (Cracovia 2009), *Vivere insieme in un tempo di crisi: famiglia di popoli, famiglia di Dio* (Barcellona 2010), *Convivere il nostro destino: religioni e culture in dialogo* (Monaco di Baviera 2011), *Vivere insieme è il futuro* (Sarajevo 2012), *Il coraggio della speranza* (Roma 2013), *La pace è il futuro* (Anversa 2014), *La pace è sempre possibile* (Tirana 2015). Per una prima lettura degli Incontri internazionali a partire dai messaggi di Giovanni Paolo II in occasione della loro celebrazione, cfr. J.-D. Durand, *L'esprit d'Assise. Discours et messages de Jean-Paul II à la Communauté de Sant'Egidio: une contribution à l'histoire de la paix*, Paris 2005. Sull'attività della Comunità di Sant'Egidio per la riconciliazione e la pace, cfr. *Le frontiere della pace. La Comunità di Sant'Egidio negli scenari internazionali (1980-2008)*, a cura di R. Morozzo della Rocca, Milano 2009 e V. Paglia, *Lo spirito di Assisi: dalle religioni una speranza di pace*, Cinisello Balsamo (Mi) 2011.

Accanto a questi appuntamenti, ognuno dei quali ha una storia da raccontare per il luogo, il tema e i partecipanti, la Comunità di Sant'Egidio ha poi sviluppato altre iniziative che, se da un lato rispondevano alla fedeltà al proprio carisma fondativo, dall'altro erano un modo per riaffermare l'attualità dello "spirito di Assisi", con il quale cercare di promuovere una cultura della pace in grado di valorizzare le identità delle singole comunità.

Insieme alle numerose iniziative che nel corso degli anni si sono richiamate in modo esplicito a questo "spirito"[3], va ricordato un passaggio istituzionale della Chiesa Cattolica nel quale si possono cogliere contenuti e finalità del dialogo interreligioso: la trasformazione del Segretariato per i non cristiani in Pontificio Consiglio nella costituzione apostolica *Pastor Bonus* (28 giugno 1988), con la quale Giovanni Paolo II riformava la Curia romana.

Nella *Pastor Bonus* il Segretariato per i non cristiani, istituito da Paolo VI, diventava Pontificio Consiglio per il dialogo interreligioso, che avrebbe dovuto regolare «i rapporti con i membri ed i gruppi delle religioni che non sono comprese sotto il nome cristiano ed anche con coloro che in qualsiasi modo sono dotati di senso religioso»[4]. Il Pontificio Consiglio doveva adoperarsi per sviluppare il dialogo con le altre fedi, promuovere iniziative scientifiche, far crescere conoscenza e stima reciproca in modo

---

[3] Tra queste iniziative, per limitarsi a quelle per il 10° anniversario dell'incontro di Assisi, ricordiamo il convegno "Le confessioni cristiane di fronte alla sfida del dialogo interreligioso" (Assisi, 18-19 ottobre 1996), i cui atti sono stati pubblicati in un supplemento della rivista *Convivium Assisiense* nel 1997. Due articoli che, da prospettive diverse (una di studio e l'altra di informazione), offrono degli utili elementi per comprendere quanto si era diffuso lo "spirito di Assisi", sono: G. CHIARETTI, "Lo spirito di Assisi", in *Studi Ecumenici*, 16 (1998), pp. 31-43 e F. PAQUETTE, "La preghiera d'Assisi 1986 fa il giro del mondo in 10 anni", in *Studi Ecumenici*, 16 (1998), pp. 45-52. Infine, una tra le tante miscellanee dedicate all'incontro di Assisi è *Assise, dix ans après 1986-1996*, sotto la direzione di F. Boespflug e Y. Labbé, Paris 1996.

[4] Nella costituzione apostolica *Pastor Bonus* il Pontificio Consiglio per il dialogo interreligioso è trattato negli articoli 159-162.

che, proprio con un lavoro condiviso, fossero promossi «la dignità dell'uomo e i suoi valori spirituali e morali». Il Consiglio doveva anche favorire la formazione di coloro che erano coinvolti nel dialogo interreligioso. Inoltre, nel caso fosse stato chiamato ad affrontare una questione relativa al dialogo interreligioso, ma con evidenti ricadute anche in altri campi, esso avrebbe dovuto attivare una collaborazione con le Congregazioni della dottrina della fede, delle Chiese orientali e per l'evangelizzazione dei popoli: con questa puntualizzazione si voleva indicare che definire le modalità della partecipazione della Chiesa Cattolica al dialogo interreligioso aveva implicazioni che andavano oltre la celebrazione di incontri o la redazione di messaggi in occasioni particolari ma toccava la riflessione teologica e la pastorale missionaria e quindi doveva interessare tutti i soggetti della Curia potenzialmente coinvolti nel dialogo.

Infine si ricordava che nel Pontificio Consiglio veniva istituita una commissione per lo sviluppo dei rapporti con i musulmani «dal punto di vista religioso», ponendo questa commissione sotto la guida del presidente del Consiglio: in questo modo si riaffermava la peculiarità del dialogo con l'islam da parte della Chiesa, confermando una scelta che era stata fatta al tempo del Concilio.

PAROLE IN MOVIMENTO
GIOVANNI PAOLO II E LA PACE NEL MONDO

Dopo Assisi Giovanni Paolo II intensificò l'impegno per coinvolgere le religioni nella costruzione della pace, che rappresentò sempre una delle priorità del suo pontificato; infatti questo impegno non nasce con Assisi, ma trova le sue radici nella celebrazione del Concilio Vaticano II, arricchendosi di nuovi elementi quali la riscoperta della figura di Francesco e la definizione di una prospettiva comune per il dialogo interreligioso. L'azione di Wojtyła si dispiegò in mille direzioni, con numerosi interventi e gesti concreti. Un "universo di parole", pronunciate dal Papa in tante occasioni: dalle udienze a delegazioni di gruppi per il dialogo interreligioso e agli ambasciatori di paesi multiculturali,

agli incontri con comunità di religioni non cristiane durante i
viaggi apostolici, dalle sessioni plenarie al Pontificio Consiglio
per il dialogo interreligioso, ai messaggi e alle lettere in occasione di incontri interreligiosi, fino ai riferimenti alla natura e
all'importanza del dialogo presenti nei documenti pontifici: una
miriade di interventi con i quali ricordare che il dialogo doveva
diventare una prassi quotidiana.

Non è possibile, in questa sede, ripercorrere questa pluralità
di contributi di Giovanni Paolo II; per contro, si possono evocare dei momenti nei quali più forte fu il richiamo del Papa per la
ricerca di un dialogo tra la Chiesa Cattolica, le altre Chiese e le
religioni non cristiane.

Uno di questi momenti si realizzò in occasione della Guerra
del Golfo (1990-1991), che scoppiò in seguito all'occupazione
militare del Kuwait da parte dell'Iraq: si formò una coalizione di
35 paesi, sotto l'egida dell'ONU e guidata dagli Stati Uniti, che
si proponeva la liberazione del Kuwait per ristabilire lo *status
quo* nella regione[5]. Nel formulare una ferma condanna dell'occupazione del Kuwait da parte di Saddam Hussein, il Pontefice
cercò di scongiurare in ogni modo la guerra, invitando a cercare
una soluzione di dialogo, offrendosi come mediatore e lanciando appelli, anche alle religioni, per trovare vie che consentissero
un percorso diplomatico verso un esito pacifico della crisi; il
Papa chiese preghiere e digiuni per la pace, raccogliendo un
vasto consenso, che andava al di là dei confini della Chiesa di
Roma (dove non mancarono coloro che si schierarono, talvolta in modo defilato, a favore della soluzione militare, giustificata come un atto di giustizia, anche rifacendosi alla lunga

---

[5] C'era comunque chi sosteneva che la coalizione non dovesse limitarsi a
questo compito ma dovesse procedere fino alla deposizione del dittatore Saddam Hussein (senza però indicare una soluzione chiara e univoca sul futuro
del Paese). L'Iraq era stato alleato prima dell'URSS e poi degli Stati Uniti,
combattendo una sanguinosa guerra con l'Iran che si era conclusa senza vinci-
tori né vinti, ma con migliaia di morti e distruzioni immani.

tradizione della Chiesa Cattolica a favore della "guerra giusta"). L'azione del Santo Padre non impedì la guerra, ma aprì un dibattito su cosa la Chiesa e le religioni potevano realmente fare per sconfiggere la violenza, su qual era cioè il loro potere nello scongiurare i conflitti.

Il dibattito divenne ancora più acceso, pochi anni dopo, quando cominciò il processo di dissolvimento della Iugoslavia: una serie di guerre e scontri che causarono migliaia di morti e distrussero tradizioni e realtà, creando ferite che, a distanza di oltre 25 anni, sono tuttora aperte e, in alcuni, si sono ampliate, impedendo il superamento di un clima di ostilità (al di là dei passaggi politici che hanno portato alla nascita di stati indipendenti, e l'ingresso di alcuni di questi nell'Unione Europea)[6].

In questo processo la Santa Sede ha giocato un ruolo, con una serie di azioni sulle quali il giudizio storico è controverso, soprattutto nella valutazione delle conseguenze che esse ebbero nel percorso verso la definizione dei confini dei nuovi stati. Indubbiamente, al di là dell'azione della Santa Sede, le guerre che insanguinarono per anni la ex-Iugoslavia, segnate da atti che per la loro ferocia in alcuni casi vennero definiti "crimini contro l'umanità", furono identificate come "guerre di religione": cattolici contro ortodossi da una parte, e cristiani contro musulmani dall'altra si davano battaglia in nome di una coincidenza tra territorio, etnia e religione che rimandava a quelle ideologie del XIX e dei primi decenni del XX secolo che avevano contri-

---

[6] Tra le prime ricostruzioni della fase iniziale delle guerre che hanno accompagnato il dissolvimento della Iugoslavia: J. Pirjevec, *Le guerre jugoslave 1991-1999*, Torino 2001; *La comunità internazionale e la questione balcanica. Le Nazioni Unite, l'Alleanza atlantica e la gestione della crisi nell'area dell'ex Jugoslavia*, a cura di P. Iuso, A. Pepe e M. Simoncelli, Soveria Mannelli (Cz) 2002; per una ricostruzione e una lettura della guerra in Iugoslavia, cfr. *La guerra dei dieci anni: Jugoslavia 1991-2001, i fatti, i personaggi, le ragioni dei conflitti*, a cura di A. Marzo Magno, Milano 2015.

buto a creare un clima di contrapposizione nella regione[7]. Era una semplificazione ideologica che serviva a nascondere le vere ragioni dello scontro, ma che ebbe molto successo, contribuendo ad alimentare un sentimento di confusione che rifiutava il dialogo, e dando una lettura acritica, spesso fantasiosa, delle vicende storiche di quelle terre. Al di là di alcuni gesti di Giovanni Paolo II e della diplomazia vaticana, il Papa invitò a cercare delle strade che favorissero un dialogo tra cattolici e ortodossi da un lato, e tra cristiani e musulmani dall'altro: esso avrebbe dovuto prendere le mosse da una riconciliazione delle memorie, identificate come una delle fonti del rancore, del risentimento, dell'odio che alimentavano gli scontri. Proprio per cercare di trovare una soluzione alla guerra in atto, papa Wojtyła convocò una giornata di preghiera e di digiuno ad Assisi per il 9 gennaio 1993. Non si è soliti soffermarsi troppo su questa giornata, anche perché i risultati concreti furono molto al di sotto delle aspettative; l'incontro divenne inoltre un ulteriore motivo di polemica, dal momento che non poteva essere considerato avulso dall'azione diplomatica della Santa Sede.

Il fallimento di questa e di altre iniziative per la pace nella ex-Iugoslavia portò al rilancio dell'impegno di Giovanni Paolo II, sempre nella prospettiva di rendere quotidiana e concreta l'esperienza unica che era stata vissuta con l'incontro di Assisi; la preparazione al Grande Giubileo del 2000 divenne un tempo particolarmente propizio per parlare dell'importanza di promuovere una cultura del dialogo da parte delle religioni.

In questo tempo di preparazione all'Anno Santo, il Pontefice tornò sull'importanza del dialogo interreligioso, ricordando in tante occasioni che la Chiesa Cattolica doveva impegnarsi nella sua promozione come strumento per favorire la pace, al di là

---

[7] Rimangono ancora attuali le riflessioni del teologo ecumenico Luigi Sartori: L. SARTORI, "Crisi nei Balcani: ancora 'guerre di religione'?", in *Studi Ecumenici*, 17 (1999), pp. 247-251.

delle tensioni che si avvertivano in tanti luoghi, dove sembrava affermarsi l'idea che la violenza potesse essere giustificata dalla religione. Tra i molti interventi[8] se ne possono ricordare almeno due. Nel primo (1994), Giovanni Paolo II parlò della necessità del dialogo rivolgendosi alla VI Assemblea generale della Conferenza Mondiale delle Religioni per la Pace: per il Papa il dialogo era necessario di fronte al nascere di nuove barriere che potevano proliferare in assenza dei valori portati avanti dalle religioni; il dialogo interreligioso consentiva di mettere in luce la dignità umana che favoriva la crescita del singolo e della comunità. Nel secondo, il Santo Padre chiedeva di rinnovare l'impegno da parte delle religioni a promuovere una cultura del dialogo, parlando all'Assemblea interreligiosa "Alle soglie del Terzo Millennio: la collaborazione fra le diverse religioni" che si tenne a Roma (25-28 ottobre 1999). Nel suo discorso, il 28 ottobre, disse ai partecipanti che le religioni avevano le risorse necessarie «per superare le frammentazioni e per favorire la reciproca amicizia e il rispetto tra i popoli»; nell'Assemblea era stato inoltre riconosciuto che i conflitti nascono «dall'ingiusta associazione della religione con interessi nazionalistici, politici, economici o di altro genere», mentre non solo le fedi non sono depositarie di violenza, ma chi le utilizza per suscitare l'odio dimostra chiaramente di tradire i valori che sono alimentati dalla religione.

Accanto a questi interventi ci sono altri due elementi che aiutano a comprendere come il dialogo interreligioso, proprio sulla spinta dell'incontro di Assisi, stesse assumendo nuove forme; infatti, proprio in vista del Grande Giubileo, cominciò a circolare la voce che il Papa stava lavorando al progetto di un

---

[8] Oltre ai due sui quali ci soffermiamo nel testo, mi pare opportuno citare la lettera apostolica *Novo Millennio Ineunte* (6 gennaio 2001) nella quale Giovanni Paolo II conferma l'attualità e il rilievo del dialogo interreligioso; nella promozione di tale dialogo, la Chiesa Cattolica deve rinnovare l'impegno proprio per l'importanza che esso riveste nella vita della Chiesa e della società, come elemento in grado di favorire la riconciliazione, la giustizia e la pace.

incontro tra le tre grandi religioni abramitiche (cristianesimo, ebraismo e islam) per testimoniare al mondo la volontà di costruire la pace nella fedeltà al comune padre Abramo. Il progetto non si realizzò, ma in ogni caso era evidente il tentativo di vivere il Giubileo come un'occasione di dialogo, proponendo di riassumere nella figura del Successore di Pietro la complessità e la ricchezza delle diverse tradizioni cristiane[9]. Su questo punto non mancarono le critiche da parte di quei cristiani che non volevano riconoscere al Papa nessun ruolo di rappresentanza, e quindi "declassavano" questo eventuale incontro a semplice iniziativa della Chiesa Cattolica.

In un momento particolarmente vivace per il dialogo interreligioso – anche se non mancavano le "spine" sulla strada del cammino ecumenico: dal silenzio che era calato sui lavori della Commissione mista cattolica-ortodossa, alle reiterate proteste della Chiesa Valdese sulla celebrazione del Grande Giubileo[10] – giunse la pubblicazione della *Dominus Iesus* (2000)[11] da parte della Congregazione per la dottrina della fede; questo documento causò molte reazioni, sollevò dubbi e perplessità, sembrò rassicurare coloro che guardavano con timore alle iniziative legate allo "spirito di Assisi": a distanza di qualche anno, tuttavia,

---

[9] Per alcune considerazioni sull'ipotesi di questo incontro ben prima della celebrazione del Grande Giubileo, cfr. G. Maritati, *Insieme verso il Sinai. Il dialogo ecumenico e interreligioso nella prospettiva dell'Anno santo del Duemila*, Padova 1996.

[10] *Giubileo ed ecumenismo. Occasione o inciampo?*, a cura di F. Giampiccoli, Torino 1999.

[11] Nella vasta bibliografia sulla *Dominus Iesus* segnalo due articoli e una miscellanea sul carattere di questo documento e la sua influenza nello sviluppo del dialogo interreligioso: A. Amato, "Dialogo interreligioso e dialogo ecumenico. Puntualizzazioni alla luce della *Dominus Jesus*", in *Rassegna di Teologia*, 46 (2005), pp. 165-183; M. Fuss, "I messaggi per il *Vesakh* buddhista alla luce della *Dominus Iesus*. Percorsi di un *colloquium salutis*", in *Lateranum*, 76 (2010), pp. 453-486; *La dichiarazione Dominus Iesus a dieci anni dalla promulgazione*, a cura di M. Gagliardi, Torino 2010.

si può affermare che la *Dominus Iesus*, più che imporre frontiere invalicabili con le quali soffocare la vivacità del dialogo interreligioso, alimentò un dibattito, come della paglia gettata in un "roveto ardente".

Dopo l'11 settembre 2001 Giovanni Paolo II avvertì il pericolo di attribuire a una matrice religiosa gli attentati che insanguinarono gli Stati Uniti. Proprio per questo, era convinto che le religioni dovessero fare qualcosa insieme, ancora una volta, per confermare la loro condanna di ogni forma di violenza e il loro impegno per la pace. Da questa prospettiva nacque l'idea di convocare ad Assisi un nuovo incontro delle religioni per la pace.

«UN SIGNIFICATIVO PROLUNGAMENTO»
IL TERZO INCONTRO AD ASSISI
(24 GENNAIO 2002)

Il 24 gennaio 2002, alla vigilia della conclusione della Settimana di preghiera per l'unità dei cristiani, Giovanni Paolo II è di nuovo nella cittadina umbra, dove ha convocato i rappresentanti delle religioni per una giornata di preghiera per la pace[12]. A questo invito rispondono in tanti: Bartolomeo I, patriarca ecumenico di Costantinopoli, Ignazio IV, patriarca di Antiochia e di tutto l'Oriente, Mar Dinkha IV, Catholicos patriarca della Chiesa Assira dell'Oriente, Anastas, arcivescovo di Tirana, Durres e di tutta l'Albania; ci sono i delegati dei patriarchi di Alessandria, Gerusalemme, Mosca, Serbia, Romania, delle Chiese ortodosse di Bulgaria, Cipro, Polonia; i delegati delle antiche Chiese dell'Oriente, dal Patriarcato siro-ortodosso di Antiochia, alla Chiesa Apostolica Armena, al Catholicossato Armeno di Cilicia, alla Chiesa Ortodossa d'Etiopia, alla Chiesa Ortodossa Sira del Malankar; il pastore Konrad Raiser, segretario generale del Consiglio Ecumenico delle Chiese e i rappresen-

---

[12] Per la cronaca dell'incontro, cfr. *L'Osservatore Romano* dei giorni 24, 25, 26 e 27-28 gennaio 2002.

tanti di Chiese e comunità ecclesiali, federazioni, alleanze cristiane d'Occidente; membri di comunità ebraiche da varie parti del mondo; esponenti dell'islam, dall'Albania, Arabia Saudita, Bosnia, Bulgaria, Egitto, Gerusalemme, Giordania, Iran, Iraq, Libano, Libia, Marocco, Senegal, Stati Uniti d'America, Sudan, Turchia; i rappresentanti del buddismo, giunti da Taiwan e dalla Gran Bretagna, e quelli dell'induismo, dall'India; gli appartenenti alla religione tradizionale africana, provenienti dal Ghana e dal Benin, come pure coloro che vengono dal Giappone in rappresentanza di diverse religioni e movimenti; i *sikh* dell'India, Singapore e Gran Bretagna; i delegati del confucianesimo, dello zoroastrismo e del giainismo. Questa volta, a differenza dell'incontro del 1986, è presente anche una delegazione delle Chiese evangeliche in Italia[13].

Giovanni Paolo II raggiunge Assisi in treno, partendo dalla stazione della Città del Vaticano, insieme alla maggioranza dei rappresentanti delle religioni: tutti si recano nella città di san Francesco «per implorare da Dio il dono della pace in un pianeta straziato da guerre e terrorismo e promettere dinanzi al mondo di non usare mai più il nome dell'Altissimo per compiere e giustificare violenze». Il Papa ripercorre così il viaggio che aveva fatto Giovanni XXIII alla vigilia dell'apertura del Concilio Vaticano II; in auto raggiunge l'ingresso della basilica inferiore per proseguire a piedi fino alla piazza di San Francesco, dove accoglie le delegazioni che hanno risposto al suo invito.

---

[13] Alla Giornata presero parte il pastore luterano Hans Michael Uhl, vicepresidente del Consiglio della Federazione delle Chiese evangeliche in Italia, la pastora Maria Bonafede, vice-moderatore della Tavola Valdese, il pastore Valdo Benecchi, presidente dell'Opera per le Chiese evangeliche metodiste in Italia e la pastora Anna Maffei, vicepresidente dell'Unione cristiana evangelica battista in Italia; cfr. "La presenza degli evangelici. Preghiera ad Assisi", in *Riforma*, 9/4 (2002), p. 1. Per un commento "evangelico" dell'incontro di Assisi, cfr. P. NASO, "Non nel nome di Dio", in *Riforma*, 9/5 (2002), pp. 1.4; A. MAFFEI, "Un'evangelica ad Assisi", in *Riforma*, 9/5 (2002), p. 1.

Dopo questo momento di accoglienza, segnato da una profonda fraternità, rivolge un breve saluto al quale segue il canto *Non levabit gens contra gentem gladium*. Prende poi la parola il card. François-Xavier Nguyên Van Thuân (1928-2002), presidente del Pontificio Consiglio della giustizia e della pace, che introduce l'incontro con la lettura di un breve testo. È poi la volta delle testimonianze per la pace[14], che si concludono con gli interventi di Chiara Lubich (1920-2004), fondatrice del movimento dei Focolari[15], e Andrea Riccardi, fondatore della Comunità di Sant'Egidio, cioè i due movimenti che più di ogni altro in ambito cattolico avevano accolto lo "spirito di Assisi" come un dono non solo da custodire ma da far conoscere per promuovere il dialogo tra le religioni[16].

A questo punto prende la parola il Papa: l'incontro odierno evoca quello del 1986 e ne costituisce una sorta di «significativo prolungamento», dal momento che lo scopo è pregare per la pace «che è anzitutto dono di Dio da implorare con fervorosa e fiduciosa insistenza»; per il Pontefice ci sono dei momenti nei quali si avverte maggiormente la fragilità del mondo, che suscita

---

[14] La lista degli interventi comprende il patriarca ecumenico Bartolomeo I, il vescovo anglicano Richard Garrad (che lesse un testo dell'arcivescovo di Canterbury, Rowan Williams), il pastore Ishmael Noko, segretario generale della Federazione luterana mondiale e il pastore Setri Nyomi, segretario generale dell'Alleanza mondiale delle Chiese riformate, il buddista Geshe Tashi Tsering, Chef Ainadou Gasseto (esponente di una religione tradizionale africana), l'induista Didi Talwalkar, Mohammed Tantawi, sceicco di Al Azhar, e il rabbino Israel Singer.

[15] Nella letteratura sulla figura e sull'opera di Chiara Lubich, relativamente al suo ruolo nella promozione di un dialogo tra le religioni e le culture per la creazione dell'unità tra uomini e donne, cfr. R. Catalano, *Spiritualità di comunione e dialogo interreligioso. L'esperienza di Chiara Lubich e del Movimento dei Focolari*, Roma 2010.

[16] I due movimenti sono stati promotori, proprio nel quadro dello "spirito di Assisi", del progetto "Insieme per l'Europa", con il quale promuovere un dialogo ecumenico e interreligioso tra gruppi e movimenti cristiani.

tanta preoccupazione, e quindi si devono trovare forme più efficaci per impegnarci «personalmente nella difesa e nella promozione del fondamentale bene della pace».

Nel lungo elenco di ringraziamenti a coloro che hanno deciso di prendere parte «a questa significativa giornata», un posto
di riguardo è riservato al cardinale Edward Egan (1932-2015),
arcivescovo di New York, «una città tanto duramente colpita nei
tragici eventi dell'11 settembre», e a tutti coloro che provengono
dai paesi dove la pace è più in pericolo.

Con tutti i presenti, in particolare con i giovani che hanno vegliato tutta la notte, Giovanni Paolo II vuole condividere
una preghiera: che «Iddio conceda che dall'odierno incontro
scaturiscano quei frutti di pace per il mondo intero, che tutti
cordialmente auspichiamo». L'essere tornati ad Assisi manifesta la scelta delle religioni «per interrogarci di fronte a Dio sul
nostro impegno per la pace, per chiederne a Lui il dono, per testimoniare il nostro comune anelito verso un mondo più giusto
e solidale»: con questo incontro le religioni vogliono dare un
segno di speranza in un tempo pieno di «nubi del terrorismo,
dell'odio, dei conflitti armati». Di fronte a questa situazione
esse devono rinnovare il loro impegno per dialogare in modo
da «diradare le nebbie del sospetto e dell'incomprensione»,
perché l'odio si può sconfiggere solo con l'amore, facendo luce
dove ci sono le tenebre.

L'impegno per la pace nasce da un «singolare profeta della
pace, chiamato Francesco» il quale, come ricorda Wojtyła, non
è solo amato dai cristiani ma da tanti altri credenti e da tanti
uomini e donne, lontani dalla religione, che riconoscono proprio nella sua figura un modello di giustizia, di riconciliazione e
di pace. Ritrovarsi ad Assisi, la città di Francesco, invita tutti a
riflettere sulla bellezza del creato, così come viene descritta dalla
Genesi, e sulla relatività delle questioni che agitano il mondo,
ricordando che «solo Dio è "il tutto", e a Lui ciascuno dovrà, alla
fine, presentarsi per rendere conto». Per questo si deve elevare a
Dio una lode per il dono della vita umana che si manifesta con

una molteplicità di forme, chiamate a integrarsi nel confronto e nel dialogo: questo porta a un arricchimento reciproco, dando gioia al mondo. Il dialogo deve portare così a quella pace e armonia che vive nel cuore umano per opera di Dio, pace e armonia riaffermate ad Assisi e da Assisi in modo da assecondare i sentimenti più profondi che sono tanto presenti nell'umanità. In questo rinnovato impegno da parte delle religioni per l'armonia e la pace si deve consultare la storia, cioè la vita di coloro che sono stati testimoni di pace: a loro si deve guardare come fonti alle quali attingere per imparare come «è possibile costruire tra gli individui e i popoli ponti per incontrarsi e camminare insieme sulle vie della pace».

Le religioni devono dare delle risposte all'umanità, che sempre manifesta il bisogno di pace, ma ora, dopo i tragici eventi che hanno segnato il mondo, devono farlo ancora di più: la pace deve fondarsi «sull'impegno per la giustizia e sulla disponibilità al perdono», che costituiscono due pilastri, come il Papa li ha definiti nel messaggio per la Giornata mondiale della pace, che egli ora cita esplicitamente[17]. Giustizia significa che non può esistere «pace vera se non nel rispetto della dignità delle persone e dei popoli, dei diritti e dei doveri di ciascuno e nell'equa distribuzione di benefici ed oneri tra individui e collettività». Non si può costruire la pace dimenticando quelle condizioni di oppressione ed emarginazione dalle quali nasce la violenza: per questo, accanto alla giustizia, si deve praticare il perdono perché «solo il perdono risana le ferite dei cuori e ristabilisce in profondità i rapporti umani turbati».

Non si tratta di un cammino semplice; è un sentiero che va percorso con umiltà e coraggio tenendo conto dell'incontro di Assisi, dove si è fatta l'esperienza del dialogo con Dio che è «sommamente fedele a se stesso e all'uomo, anche quando l'es-

---

[17] Si trattava del messaggio per la XXXV Giornata mondiale della pace (gennaio 2002): "Non c'è pace senza giustizia, non c'è giustizia senza perdono".

sere umano si allontana da Lui». Alla luce di questa esperienza le religioni devono operare per costruire la pace, impegnandosi a «diffondere tra gli uomini del nostro tempo una rinnovata consapevolezza» della sua urgenza. Come Giovanni Paolo II ricorda, si tratta di un impegno che era stato già dichiarato nell'Assemblea interreligiosa del 1999; ora il Pontefice torna a sottolineare l'importanza che ci sia da parte dei singoli credenti e delle comunità locali il netto ripudio di ogni tipo di violenza, tanto più di quella che cerca una giustificazione nella religione: «Non v'è finalità religiosa che possa giustificare la pratica della violenza dell'uomo sull'uomo».

A questo punto il Papa si rivolge ai cristiani, indicandone il compito peculiare nella costruzione della pace ed evocando il mistero della croce, in cui l'amore ha sconfitto l'odio; nel fissare la croce di Cristo si deve ricordare l'esperienza di Francesco, di Chiara e di tanti santi e martiri cristiani che devono essere modello per rendere la ricerca della pace «anelito incessante della vita del mondo». Se la pace è un dono di Dio, ci si deve domandare: come è possibile realizzarla «se non in un rapporto intimo e profondo con Lui?». Costruire la pace, fondandola sull'ordine, la giustizia e la libertà, significa radicarla nella preghiera quotidiana e continua, «che è apertura, ascolto, dialogo e ultimamente unione con Dio, fonte originaria della pace vera».

A questo forte richiamo alla centralità della preghiera, Wojtyła dedica ancora delle parole per chiarire che «pregare non significa evadere dalla storia e dai problemi che essa presenta», ma affrontare il mondo accompagnati e sostenuti dalla «forza che viene dall'Alto, la forza della verità e dell'amore la cui ultima sorgente è in Dio». E torna a parlare a tutti i partecipanti all'incontro chiamandoli «fratelli e sorelle»: lo fa per introdurre il momento della Giornata riservato alla preghiera, che sarà fatta «secondo forme diverse, rispettando le altrui tradizioni religiose». Questa diversità aiuta a comprendere come il desiderio della preghiera non porta alla contrapposizione, ma conduce al dialogo; e quest'ultimo non deve portare al relativismo e al sincretismo, ma determina «il dovere della testimonianza e dell'annuncio». Si deve così superare definitivamente la tentazione di ricadere in quel clima di ostilità che ha caratterizzato per secoli i rapporti tra le religioni nel mondo; l'appello al sentimento religioso sostiene il cammino per alimentare rispetto e armonia tra i popoli da una parte, e sconfiggere violenza e conflitti dall'altra.

Per Giovanni Paolo II Assisi «diventa nuovamente il "cuore" di una folla innumerevole che invoca la pace. A noi si uniscono tante persone, che da ieri e fino a stasera, nei luoghi di culto, nelle case, nelle comunità, nel mondo intero, pregano per la pace. Sono anziani, bambini, adulti e giovani: un popolo che non si stanca di credere nella forza della preghiera per ottenere la pace». La pace deve abitare nei cuori dei giovani e a tutti i partecipanti il Papa chiede di essere «sentinelle docili e coraggiose della pace vera, fondata nella giustizia e nel perdono, nella verità e nella misericordia», prendendo come esempio Francesco d'Assisi.

A questo punto invita ad avanzare verso il futuro stringendo tra le mani «la fiaccola della pace», nella consapevolezza che il mondo ha bisogno di luce, e che le religioni sono in grado di donarla; dopo tante parole dette e ascoltate è tempo di ascoltare il vento che, secondo le Sacre Scritture, soffia dove vuole, e di questo si è fatta esperienza ad Assisi: «Voglia oggi questo Spirito Santo parlare ai cuori di noi tutti qui presenti. Egli è simboleggiato da quel vento che accompagnava le parole umane ascoltate da noi tutti. Grazie».

Giovanni Paolo II rivolge poi l'invito ai rappresentanti delle diverse comunità a recarsi nei luoghi stabiliti per il momento di preghiera. Nel pomeriggio si ritrovano tutti in piazza San Francesco, dove prende la parola il card. Francis Arinze, presidente del Pontificio Consiglio per il dialogo interreligioso. A questo punto, lampade accese, simbolo dell'impegno delle fedi per la pace, vengono portate al Papa e ai rappresentanti delle religioni: insieme le collocano sul tripode posto di fronte al palco, come segno concreto di condivisione nel portare la luce al mondo che vive nelle tenebre della violenza. Mentre si compie questo gesto, viene cantato il *Cantico delle creature* di san Francesco, per sottolineare ancora una volta che il Santo di Assisi è un esempio di dialogo e di accoglienza nel quale in tanti si riconoscono; al termine, viene letto un breve messaggio per un impegno comune per la pace da parte di alcuni dei rappresentanti[18]; segue lo scambio della pace fra tutti i presenti. Alla fine Giovanni Paolo II pronuncia le parole: «Mai più violenza! Mai più guerra! Mai più terrorismo! In nome di Dio ogni religione porti sulla terra giustizia e pace, perdono e vita, amore!»: si riparte da Assisi con la consapevolezza di aver compiuto un passo significativo nella direzione di rendere sempre più vivo e attuale quanto era stato deciso nell'incontro del 1986.

Il giorno dopo i membri delle delegazioni sono ospiti del Pontefice a un momento conviviale; per Wojtyła è anche l'occasione per commentare cosa è successo e il giudizio che si esprime è più che positivo: l'incontro, infatti, «rimarrà a lungo nei nostri cuori e… avrà un'eco profonda tra i popoli del mondo». Il Papa desidera ringraziare tutti per la presenza (tenuto conto che non è stato facile, per alcuni, arrivare fino ad Assisi), l'impegno nella costruzione della pace e il coraggio di denunciare al mondo l'inconciliabilità tra violenza e religione. Si è passati da Assisi, cioè da Francesco, a Roma, cioè a Pietro, che erano entrambi latori dell'annuncio della lode a Dio e della pace agli uomini. Condividere la mensa non vuol dire ignorare le diversità tra le religioni, ma offrire una testimonianza di unità nella costruzione della concordia e della pace: si tratta di un impegno che vuole

---

[18] Il messaggio viene letto dal patriarca Bartolomeo I, dal pastore Konrad Raiser, dal sikh Bhai Sahibji Mohinder Singh, dal metropolita russo ortodosso Pitirim, dal metropolita serbo ortodosso Jovan, dal musulmano Sheikh Abdel Salam Abushukhadaem, dal vescovo greco ortodosso Vasilios, dal confuciano Chang-Gyou Choi, dal musulmano (di lingua farsi) Hojjatoleslam Ghomi, dal buddista Nichiko Niwano, dal rabbino Samuel-René Sirat e dal pastore mennonita Mesach Krisetya.

dare speranza al mondo contemporaneo, chiedendo a Dio di
«essere umili ed efficaci strumenti della sua pace».

Qualche giorno dopo, domenica 27 gennaio, alla preghiera dell'*Angelus* insieme con i ragazzi dell'Azione Cattolica di
Roma, Giovanni Paolo II torna sull'incontro di Assisi appena
concluso: esso non è più considerato semplicemente un "prolungamento" di quello del 1986, ma è «una pietra miliare nel
cammino di costruzione della civiltà della pace».

Capitolo IV

CELEBRARE ASSISI

Benedetto XVI e i 25 anni di Assisi

La celebrazione del 25° anniversario dell'incontro di Assisi è l'occasione per una rilettura-aggiornamento da parte di Benedetto XVI di quanto era stato fatto (e di come era stato recepito) il 27 ottobre 1986. Papa Ratzinger decide infatti di tornare nella cittadina umbra per vivere una giornata di riflessione, dialogo e preghiera che vada al di là della dimensione ecumenica e interreligiosa, in modo da coinvolgere tutti coloro che cercano la pace e la giustizia, pur dichiarandosi distanti dalle religioni. L'incontro diventa così occasione per proporre un dialogo in grado di sollecitare chiunque nella lotta contro la violenza: questa non può essere semplicemente attribuita alla religione, ma è il risultato dell'assenza della religione, della scelta dell'uomo di farsi "legge di se stesso". La scelta di aprire l'incontro anche agli uomini e alle donne di buona volontà, pur atei dichiarati, non significa abbandonare il dialogo interreligioso, verso il quale papa Benedetto manifesta interesse e che cerca di coltivare nella linea tracciata da Giovanni Paolo II[1]; per Benedetto XVI il dialogo interreligioso costituisce un campo nel quale misurare anche la fedeltà alla lettera e allo spirito del Concilio Vaticano II, soprattutto nel momento in cui si deve pensare a come ricostruire un

---

[1] E nonostante qualche incidente di percorso, come dimostrano il discorso pronunciato all'Università di Ratisbona (12 settembre 2006) e le vive reazioni che suscitò nel mondo islamico (cfr. *infra*, pp. 101 ss.).

dialogo tra la Chiesa Cattolica e il mondo islamico (nei confronti del quale crescono i pregiudizi in tante componenti della società contemporanea). In questa prospettiva si colloca anche il recupero di una pagina della vita di san Francesco: l'incontro con il Sultano, infatti, viene riletto e proposto come una fonte preziosa per approfondire la figura del santo in quanto modello di dialogo e di accoglienza nella fedeltà all'identità cristiana, in modo da arricchire lo "spirito di Assisi".

"PELLEGRINI DELLA VERITÀ, PELLEGRINI DELLA PACE"
IL QUARTO INCONTRO DI ASSISI (27 OTTOBRE 2011)

Dopo la preghiera dell'*Angelus* del 1° gennaio 2011 Benedetto XVI annunciò la sua volontà di recarsi «pellegrino nella città di san Francesco, invitando ad unirsi a questo cammino i fratelli cristiani delle diverse confessioni, gli esponenti delle tradizioni religiose del mondo e, idealmente, tutti gli uomini di buona volontà, allo scopo di fare memoria di quel gesto storico voluto dal mio Predecessore e di rinnovare solennemente l'impegno dei credenti di ogni religione a vivere la propria fede religiosa come servizio per la causa della pace. Chi è in cammino verso Dio non può non trasmettere pace, chi costruisce pace non può non avvicinarsi a Dio. Vi invito ad accompagnare sin d'ora con la vostra preghiera questa iniziativa»[2].

Papa Ratzinger ricordava che nel messaggio per la XLIV Giornata mondiale della pace[3], che si sarebbe celebrata lo stesso giorno, già si scorgeva l'importanza delle religioni nella costruzione dell'unità e della pace: tornare ad Assisi voleva dire cele-

---

[2] Per gli scritti di papa Ratzinger, cfr. BENEDETTO XVI, *Insegnamenti*, voll. 1-9, Città del Vaticano 2006-2013; per una raccolta degli interventi sul dialogo interreligioso, cfr. *Il dialogo interreligioso nell'insegnamento ufficiale...*, *cit.*, pp. 1465-1798.

[3] Il tema della XLIV Giornata mondiale della pace (2011) era "Libertà religiosa, via per la pace".

brare il 25° anniversario dell'incontro voluto da papa Giovanni
Paolo II nel 1986 e allo stesso tempo riaffermare proprio il compito delle religioni nella società contemporanea, introducendo
anche degli elementi innovativi (questo si poté vedere chiaramente all'avvicinarsi dell'appuntamento, quando vennero definiti il programma e il numero dei partecipanti).

Il tema scelto per la Giornata del 27 ottobre 2011 era: "Pellegrini della verità, pellegrini della pace"; si voleva infatti invitare a riflettere sul fatto che ogni essere umano può essere
considerato «un pellegrino in ricerca della verità e del bene»,
tanto più un uomo religioso che sa di essere in cammino verso Dio. Proprio questa dimensione dell'essere pellegrino nel
mondo offre l'opportunità di creare un dialogo con tutti «senza
rinunciare alla propria identità o indulgere a forme di sincretismo». Se si vive l'essere pellegrino nel mondo come una ricerca
della verità, si possono creare delle occasioni per coinvolgere
tutti nella costruzione della fraternità e della pace. L'idea del
pellegrinaggio diventa così il filo conduttore della Giornata,
anche in una prospettiva di recupero della memoria storica:
infatti celebrare la Giornata di preghiera significa ricordare
gli incontri del 1986 e del 2002, come recita il comunicato
stampa[4]; la Giornata dovrà essere anche un'occasione per proseguire «sulla via del dialogo e della fraternità, nel contesto di
un mondo in rapida trasformazione», cercando di coinvolgere
in questo cammino anche gli uomini e le donne di buona volontà. Per raggiungere Assisi, la città di Francesco «povero e
umile», diventata «simbolo di fraternità e di pace» – Benedetto
XVI vi si era già recato il 17 giugno 2007 per l'800° anniversario della conversione di san Francesco –, il Papa e i rappresentanti delle Chiese e delle religioni avrebbero usato il treno,
come Wojtyła nel 2002.

---

[4] In esso non si fa però menzione dell'incontro del 1993, quando si era
pregato per la pace nella ex-Iugoslavia.

Per quanto riguarda la preparazione alla Giornata, era prevista una veglia di preghiera in San Pietro con i fedeli della diocesi di Roma, presieduta dal Pontefice, mentre si rivolgeva l'invito alle comunità locali a organizzare delle veglie proprio per accompagnare e «condividere questo ideale pellegrinaggio»[5].

Nei mesi che precedettero l'incontro, tra le numerose iniziative in preparazione, *L'Osservatore Romano*[6] ospitò una serie di interventi per aiutare a comprenderne il significato. La Giornata voleva essere da una parte un momento di celebrazione del 25° anniversario dell'incontro di Assisi convocato nel 1986, e dall'altra un'occasione per delineare dei percorsi che, partendo dall'esperienza di Assisi e dal magistero di Giovanni Paolo II, fossero capaci di definire un impegno delle Chiese, delle religioni e degli uomini e delle donne di buona volontà nella condanna della violenza. Con questa opzione si voleva uscire dai confini del dialogo interreligioso, che pure si era molto sviluppato dopo Assisi, aprendo nuove frontiere che erano considerate impensabili al momento della celebrazione del Concilio Vaticano II (che rimane ancora un punto di riferimento, pur nell'essenzialità della dichiarazione *Nostra aetate*).

Il 26 ottobre, alla vigilia della Giornata, Benedetto XVI parla dell'imminente incontro, con il quale desidera rinnovare l'impe-

---

[5] Il programma della *Giornata di riflessione, dialogo e preghiera per la pace e la giustizia nel mondo "Pellegrini della verità, pellegrini della pace"* venne presentato in una conferenza stampa il 2 aprile 2011.

[6] Ecco alcuni di questi articoli, pubblicati su *L'Osservatore Romano* nel 2011: T. Bertone, "Da Assisi 1986 ad Assisi 2011" (3 luglio); J.-L. Tauran, "Religioni in dialogo oltre gli stereotipi" (5 luglio); K. Koch, "Ad Assisi un pellegrinaggio della verità e della pace" (7 luglio); P. K. Turkson, "È in gioco il futuro dell'umanità" (8 luglio); G. Ravasi, "Chi fa domande è sui sentieri della verità" (9 luglio); A. Riccardi, "Nei crocevia difficili della storia" (12 luglio); M. Voce, "Appuntamento con le sorprese dello Spirito" (13 luglio); J. Carrón, "Dalla novità cristiana uno sguardo davvero ecumenico" (14 luglio); K. Koch, "Sicuramente la Croce non è un ostacolo" (29 luglio); R. Di Segni, "La lingua del dialogo deve essere comune" (29 luglio).

gno «insieme con i membri di diverse religioni, e anche con uomini non credenti ma sinceramente in ricerca della verità, nella promozione del vero bene dell'umanità e nella costruzione della pace». Per i cristiani si tratta di un impegno strettamente connesso con la preghiera, come è chiaramente indicato da un brano del profeta Zaccaria, letto nell'udienza, al quale il Papa dedica un breve commento, soffermandosi sulla figura del «re» che non domina con la forza militare ma che si afferma con la mitezza. Ratzinger richiama la nascita di Gesù, povero tra i poveri, così come la sua vita; da questo punto di vista è esemplare il suo ingresso a Gerusalemme nella Domenica delle Palme a dorso di un asino. La povertà e la mitezza di Gesù lo conducono sulla croce, che è «il nuovo arco di pace, segno e strumento di riconciliazione, di perdono, di comprensione, segno che l'amore è più forte di ogni violenza e di ogni oppressione, più forte della morte: il male si vince con il bene, con l'amore»; la morte in croce crea così un ponte fraterno tra tutti gli uomini. Con Cristo nasce un regno di pace che coinvolge tutta la terra, superando confini e barriere e creando comunione e unità «per toglierci dal nostro individualismo, dai nostri particolarismi che escludono gli altri, per formare di noi un solo corpo, un solo regno di pace in un mondo diviso».

Proprio in vista dell'incontro di Assisi del giorno dopo, il Santo Padre si chiede: come possono i cristiani «costruire questo regno di pace di cui Cristo è il re?». A questa domanda, risponde citando le Sacre Scritture: «I cristiani non devono mai cedere alla tentazione di diventare lupi tra i lupi; non è con il potere, con la forza, con la violenza che il regno di pace di Cristo si estende, ma con il dono di sé, con l'amore portato all'estremo, anche verso i nemici. Gesù non vince il mondo con la forza delle armi, ma con la forza della Croce, che è la vera garanzia della vittoria». I cristiani devono essere pronti a testimoniare Cristo per far trionfare il bene, l'amore e la pace senza compromessi, anche a costo di mettere in gioco la propria vita, così come tanti cristiani hanno fatto più volte nella storia, sfuggendo alla logica della violenza e delle armi. Per chiarire ancora meglio questo concetto, papa Benedetto parla della figura di san Paolo, rappresentata con la spada in mano: chi non conosce la storia di Paolo potrebbe pensare di trovarsi di fronte a un condottiero che ha combattuto con la forza per ottenere fama e ricchezza. La spada evoca invece il martirio di Paolo, che ha dedicato tutta la sua vita a portare l'Evangelo di riconciliazione e di pace nel mondo. La spada di Paolo è un segno che richiama anche la forza della verità «che spesso può ferire, può far male», ma alla quale egli è stato fedele fino alla morte. Con queste parole su Paolo il Pontefice vuole invitare a riflettere su quanto sia importante conoscere, non fermandosi alle apparenze.

I cristiani devono chiedere a Dio il dono della pace e rivolgere una preghiera per farsi suoi strumenti «in un mondo ancora lacerato da odio, da divisioni, da egoismi, da guerre»: papa Benedetto esprime l'auspicio che l'incontro di Assisi possa favorire il dialogo interreligioso per portare «un raggio di luce capace di illuminare la mente e il cuore di tutti gli uomini, perché il rancore ceda il posto al perdono, la divisione alla riconciliazione, l'odio all'amore, la violenza alla mitezza, e nel mondo regni la pace».

Il 27 ottobre, in treno, il Santo Padre raggiunge la città di san Francesco, dove trova ad accoglierlo mons. Domenico Sorrentino, vescovo di Assisi-Nocera Umbra-Gualdo Tadino, e le autorità civili; sul treno viaggiano oltre 300 esponenti delle Chiese, delle organizzazioni ecumeniche e delle religioni, e quattro intellettuali non credenti, che sono la maggioranza di coloro che hanno accolto l'invito del Papa. Ad Assisi sono presenti rappresentanti da oltre 50 paesi, tra i quali quattro personalità delle religioni tradizionali dell'Africa, dell'America e dell'India; tra gli indù c'è anche Rajhmoon Gandhi, nipote del "Mahatma", che aveva già preso parte all'incontro del 1986. Per la prima volta c'è anche un membro della comunità Bahai, oltre a jainisti, sikh, taoisti, shintoiste, uno zoroastriano e un'ampia delegazione di buddisti. Hanno risposto all'invito papale anche alcune nuove religioni del Giappone. Dal mondo ebraico sono presenti delegazioni dall'International Committee on Interreligious Consultation, dal Gran Rabbinato di Israele, da diverse organizzazioni ebraiche di carattere internazionale e, dall'Italia, il rabbino capo di Roma, Riccardo Di Segni. Tra coloro che sono stati invitati in rappresentanza di chi si dichiara estraneo alla religione sono presenti Julia Kristeva, Roland Barthes, Jacques Derrida, Philippe Sollers, Remo Bodei, Guillermo Hurtado e Walter Baier.

Davanti alla basilica di Santa Maria degli Angeli il Papa riceve un saluto di benvenuto dalle autorità delle famiglie francescane[7] e poi accoglie i capi delle singole delegazioni che prendono posto all'interno della chiesa.

Entrato il Santo Padre, l'incontro ha inizio con un intervento del cardinale Peter Kodwo Appiah Turkson, presidente del Pontificio Consiglio giustizia e pace; viene poi mostrato un video sull'incontro del 1986 proprio per celebrare la continuità tra i due momenti. Seguono gli interventi di alcuni partecipanti che offrono delle riflessioni sulla pace, dalle quali emerge che le religioni sono chiamate non solo a difenderla ma anche a costruirla cercando una collaborazione ecumenica e interreligiosa; in tanti esprimono inoltre un debito di gratitudine nei confronti di Giovanni Paolo II per aver trovato il modo di rendere evidente quanto diffusa fosse l'aspirazione degli uomini alla pace come testimonianza della propria fede. Il dialogo tra le religioni appare ancora più necessario di fronte alle sfide che attraversano il mondo, sfide a cui nessuna di esse può pensare di far fronte da sola, tanto più quando si tratta di combattere paure e sospetti con la luce e la speranza delle quali le religioni sono portatrici. Proprio la speranza deve essere vissuta come un elemento in grado di superare divisioni e contrasti che nascono dai pregiudizi, che impediscono una comprensione piena delle ricchezze

---

[7] Si tratta di José Rodriguez Carballo, ministro generale dei Frati Minori, di Marco Tasca, ministro generale dei Frati Minori Conventuali, di Mauro Jöhri, ministro generale dei Frati Minori Cappuccini e di Michael J. Higgins, ministro generale del Terz'Ordine Regolare di San Francesco.

delle singole fedi, rifuggendo dalla tentazione di costruire una
super-religione. In tanti chiedono gesti concreti per manifestare
la comune volontà di costruire la pace: in questa prospettiva si
chiede di fare qualcosa per Gerusalemme, che è diventato sempre più un luogo di conflitto e di scontro[8].

Dopo questi interventi, è il Papa a prendere la parola: «Cari
fratelli e sorelle, distinti Capi e rappresentanti delle Chiese e
Comunità ecclesiali e delle religioni del mondo, cari amici».
Al saluto fa seguito una ricostruzione del mondo nel 1986, nel
quale la pace era costantemente minacciata dalla presenza di
due blocchi contrapposti: ne era simbolo il Muro di Berlino,
che sarebbe caduto nel 1989 «senza spargimento di sangue». Il
crollo sembrava mandare in pensione tutte le armi che avevano
sorretto il Muro e che erano cresciute proprio grazie ad esso:
«La volontà dei popoli di essere liberi era più forte degli arsenali
della violenza». Benedetto XVI non vuole inoltrarsi nel dibattito sulle ragioni che hanno portato al crollo: gli interessa solo
affermare che una di queste ragioni può essere identificata con la
fine di quella «convinzione spirituale» che aveva sostenuto uno
dei due schieramenti. Il desiderio di libertà è stata «una vittoria
della pace»; una libertà in senso pieno, che comprendeva anche
la libertà religiosa, tanto da poter dire che quanto accaduto si
può collegare «anche con la preghiera per la pace».

La caduta del Muro però non ha portato la libertà e la pace
che tanti si aspettavano: sebbene non ci sia più la minaccia di

---

[8] L'elenco degli interventi comprende il patriarca ecumenico Bartolomeo I,
l'arcivescovo di Canterbury Rowan Williams, l'arcivescovo Norvan Zakarina della diocesi di Francia della Chiesa Armena Apostolica della Santa Sede di Etch-
miadzine, il pastore Olav Fyske Tveit, segretario generale del Consiglio Ecumenico delle Chiese, il rabbino David Rosen, rappresentante del Rabbinato di
Israele, Wande Abimbola, Awise Agbaye, portavoce per la Ifa e Yoruba Religion,
l'induista Acharya Shri Shrivatsa Goswami, il venerabile Ja-Seung, presidente
del Jogye Order del buddismo coreano, Kyai Haji Hasyim Muzadi, segretario
generale della Conferenza internazionale delle Scuole islamiche, e Julia Kristeva.

una guerra globale, il presente è caratterizzato da violenza e discordia che provocano tanti conflitti locali, contro i quali le religioni devono fare qualcosa. Per il Papa sono due i «volti» di questa violenza e di questa discordia: il primo è il terrorismo «nel quale, al posto di una grande guerra, vi sono attacchi ben mirati che devono colpire in punti importanti l'avversario in modo distruttivo, senza alcun riguardo per le vite umane innocenti che con ciò vengono crudelmente uccise o ferite... Spesso il terrorismo è motivato religiosamente e proprio il carattere religioso degli attacchi serve come giustificazione per la crudeltà spietata, che crede di poter accantonare le regole del diritto a motivo del "bene" perseguito». In questo modo la religione può essere utilizzata per giustificare la violenza.

Nell'introdurre il secondo "volto", Benedetto XVI torna su un tema a lui caro, l'illuminismo[9]: proprio l'illuminismo ha sostenuto il carattere violento della religione e per questo ne ha espressa più volte la condanna, criticandone la presenza nella società (come se la guerra fosse destinata a scomparire una volta bandita la religione); il tema del rapporto tra religione e violenza è oggetto di viva preoccupazione per coloro che partecipano al dialogo interreligioso, soprattutto quando chi si dichiara difensore della fede fa ricorso alla violenza, creando così un cortocircuito che mette in crisi proprio il dialogo. Contro qualunque tipo di giustificazione religiosa alla violenza i rappresentanti delle religioni, presenti ad Assisi nel 1986, si

---

[9] Sul rapporto tra Chiesa Cattolica, illuminismo e società contemporanea papa Ratzinger è intervenuto più volte durante il pontificato, riprendendo e sviluppando riflessioni che aveva formulato nella sua lunga carriera da teologo. A me sembra che il testo più significativo sia l'enciclica *Spe salvi* (30 novembre 2007); per un suo commento, cfr. M. G. MASCIARELLI, *La grande speranza. Commento organico all'enciclica Spe salvi di Benedetto XVI*, Todi (Pg) 2008. Alcune considerazioni, con un approccio storico-letterario, si trovano in V. FERRONE, *Lo strano Illuminismo di Joseph Ratzinger. Chiesa, modernità e diritti dell'uomo*, Bari/Roma 2013.

schierarono esprimendo una condanna ferma: una condanna che, come dice Benedetto XVI, deve essere ripresa e rilanciata, dal momento che usare la religione per giustificare la violenza può contribuire alla distruzione della prima. Questa lettura – l'impossibilità di giustificare la violenza con la religione – incontra obiezioni da più parti; le fedi devono reagire insieme alla luce dei passi compiuti dal dialogo interreligioso: i cristiani devono riconoscere che «nella storia anche in nome della fede cristiana si è fatto ricorso alla violenza», ma è stato «un utilizzo abusivo della fede cristiana, in evidente contrasto con la sua vera natura». I cristiani credono in un Dio che «è il Creatore e Padre di tutti gli uomini, a partire dal quale tutte le persone sono tra loro fratelli e sorelle e costituiscono un'unica famiglia». Ratzinger ricorda che la croce di Cristo è il segno della vittoria dell'amore sulla violenza e per questo «è compito di tutti coloro che portano una qualche responsabilità per la fede cristiana purificare continuamente la religione dei cristiani a partire dal suo centro interiore, affinché – nonostante la debolezza dell'uomo – sia veramente strumento della pace di Dio nel mondo».

L'indicazione di una giustificazione religiosa alla violenza, se pur condannata, impone alle religioni un cammino di «purificazione» (così come Giovanni Paolo II aveva indicato in vista della celebrazione del Grande Giubileo) come un passaggio necessario per costruire un dialogo che parta dalla conoscenza del passato senza rimanerne prigioniero[10]. La violenza non dipende solo dal fatto che alcuni si nascondono dietro la religione

---

[10] Su questo tema, tuttora al centro di un dibattito molto vivace all'interno della Chiesa Cattolica, con evidenti ricadute nel movimento ecumenico (come dimostra, tra l'altro, l'intervento di mons. Bruno Forte al Sinodo Valdese del 2015), mi piace ricordare la pubblicazione degli atti di tre giornate, dedicate a questo soggetto, tenutesi ad Arezzo durante il Grande Giubileo: *Purificazione della memoria. Giustificazione e fede, Oriente e Occidente, Chiesa e Stato*, Arezzo 2000.

per giustificare i loro atti, ma è «la conseguenza dell'assenza di Dio, della sua negazione e della perdita di umanità che va di pari passo con ciò». Per Benedetto XVI dire "no" a Dio ha portato, e porta, alla violenza dal momento che l'uomo ha messo se stesso come unica norma per la vita: «Gli orrori dei campi di concentramento mostrano in tutta chiarezza le conseguenze dell'assenza di Dio».

Dopo questo riferimento così preciso alla storia del XX secolo, papa Ratzinger dice di non voler parlare dell'ateismo di Stato ma della condizione dell'uomo, che ricerca il potere dato dal possesso, tanto da configurarlo come una sorta di contro-religione che distrugge l'umanità (colpendo in particolare i giovani, travolti da questa ansia di possedere fine a se stessa).

Il Papa sente il bisogno di riassumere quanto ha detto fino a quel momento sulla violenza, sul rapporto tra questa e le religioni e sul loro ruolo nella costruzione della pace: «Esiste una concezione e un uso della religione attraverso il quale essa diventa fonte di violenza, mentre l'orientamento dell'uomo verso Dio, vissuto rettamente, è una forza di pace. In tale contesto ho rimandato alla necessità del dialogo, e parlato della purificazione, sempre necessaria, della religione vissuta. Dall'altra parte, ho affermato che la negazione di Dio corrompe l'uomo, lo priva di misure e lo conduce alla violenza».

Insieme alla presenza di religione e anti-religione Benedetto XVI prende in esame anche le «persone alle quali non è stato dato il dono del poter credere e che tuttavia cercano la verità, sono alla ricerca di Dio», cioè coloro che non si fermano alla negazione di Dio ma cercano il vero e il buono e quindi possono essere considerati in cammino verso di Lui, tanto da essere considerati «pellegrini della verità, pellegrini della pace»; proprio per questo sono stati invitati a prendere parte all'incontro in corso ad Assisi. La loro presenza è particolarmente preziosa perché pongono domande agli atei, invitandoli ad abbandonare la semplice polemica per riscoprire la speranza di conoscere la verità, e al tempo stesso alle religioni per ricordare loro che

Dio non deve essere visto «come una proprietà che appartiene a loro così da sentirsi autorizzati alla violenza nei confronti degli altri». Le religioni devono accompagnare e aiutare coloro che cercano la verità, rimuovendo gli ostacoli che impediscono loro di raggiungerla; per questo il Pontefice dice di aver «appositamente invitato rappresentanti di questo terzo gruppo al nostro incontro ad Assisi, che non raduna solamente rappresentanti di istituzioni religiose». Assisi è così un luogo dove ritrovarsi insieme in un cammino «verso la verità, dell'impegno deciso per la dignità dell'uomo e del farsi carico insieme della causa della pace contro ogni specie di violenza distruttrice del diritto». Le ultime parole di papa Ratzinger vogliono rassicurare tutti che la Chiesa Cattolica è decisa a proseguire la sua battaglia contro la violenza e a favore della pace.

Concluso il suo discorso, il Papa e i capi delle delegazioni si recano nel convento della Porziuncola per condividere un pranzo in sobrietà. Fa seguito un tempo per il silenzio, mentre i giovani si stanno spostando dalla basilica di Santa Maria degli Angeli alla piazza dedicata a san Francesco in Assisi, dove saranno raggiunti dal Santo Padre e dalle delegazioni per chiudere la Giornata.

Questa parte conclusiva si apre con un breve intervento del cardinale Jean-Louis Tauran, presidente del Pontificio Consiglio per il dialogo interreligioso; esso introduce il momento nel quale i presenti sono chiamati a rinnovare, in modo ufficiale, l'impegno per la pace, dopo aver ascoltato le parole di alcuni leader religiosi[11]. A questo punto Benedetto XVI pro-

---

[11] Prendono la parola il patriarca ecumenico Bartolomeo I, il vescovo luterano Mounib Younan, presidente della Federazione Luterana Mondiale, il sikh Tarunjit Singh Butalia, il metropolita Aleksandr del Patriarcato di Mosca, il pastore John Upton dell'Alleanza Battista Mondiale, il musulmano Mulana Mohammed Zubair Abid, il metropolita Mar Gregorios del Patriarcato siro-ortodosso di Antiochia, il taoista Wai Hop Tong, il buddista Phra Phommolee, lo scintoista Tsunekiyo Tanaka e Betty Ehrenberg, del Comitato Congiunto Internazionale per le Consultazioni Interreligiose, il pastore Setri Nyomi, se-

nuncia un breve saluto rivolto agli «illustri Ospiti, cari Amici» ai quali esprime il suo ringraziamento, così come a coloro che hanno ospitato la Giornata: «La città di Assisi, la comunità di questa Diocesi con il suo Vescovo, i figli di San Francesco, che custodiscono la preziosa eredità spirituale del Poverello di Assisi». Ha poi una parola per i tanti giovani che «hanno compiuto il pellegrinaggio a piedi da Santa Maria degli Angeli per testimoniare come, tra le nuove generazioni, siano in tanti ad impegnarsi per superare violenze e divisioni, ed essere promotori di giustizia e di pace». Dopo questi ringraziamenti il Papa ricorda quanto importante sia la dimensione spirituale (della quale si è avuta una testimonianza concreta nella Giornata) per la costruzione della pace, la quale si può realizzare impegnandosi nel dialogo fraterno, approfondendo l'amicizia e unendosi in silenzio e in preghiera. L'aver rinnovato l'impegno alla pace (già preso anni prima nella stessa città) e l'essersi scambiati un segno di pace pubblico ha rafforzato la condivisione tra tutti coloro che desiderano camminare insieme verso questo traguardo. In tale cammino dovrà proseguire quell'unione che già è sotto gli occhi di tutti «nel dialogo, nell'edificazione quotidiana della pace, nel nostro impegno per un mondo migliore, un mondo in cui ogni uomo e ogni donna e tutti possano vivere secondo le proprie legittime aspirazioni». Benedetto XVI conclude questo breve saluto con le parole di san Francesco: «Il Signore vi dia la pace».

Segue un momento di silenzio, durante il quale alcuni giovani consegnano una lampada accesa ai capi delle delegazioni delle singole tradizioni religiose prima di un intervento del cardinale Kurt Koch, presidente del Pontificio Consiglio per la promozione dell'unità dei cristiani. I delegati si scambiano un gesto di pace e poi si recano nella basilica inferiore di San Francesco per

gretario generale della Comunione Mondiale delle Chiese Riformate, e Guillermo Hurtado, a nome dei non credenti presenti ad Assisi.

compiere una visita silenziosa alla tomba del santo, con la quale si conclude la Giornata.

Anche in questo caso, come era successo dopo l'incontro del 2002, la Giornata ha un'appendice il giorno seguente (28 ottobre) in Vaticano, quando Benedetto XVI riceve le delegazioni che hanno presto parte all'incontro di Assisi, «una giornata di riflessione, dialogo e preghiera per la giustizia e per la pace nel mondo» svoltasi a 25 anni dal primo storico incontro, convocato da Giovanni Paolo II[12].

Coloro che si sono ritrovati ad Assisi possono essere considerati immagine di «miliardi di uomini e di donne nel mondo attivamente impegnati nella promozione della giustizia e della pace»; la Giornata è stata anche un segno tangibile di quella amicizia e di quella fraternità che sono tra i frutti della stagione del dialogo, che il Papa si augura possa crescere ancora coinvolgendo un numero sempre più alto di «seguaci delle religioni del mondo» e instaurarsi «con gli uomini e le donne di buona volontà ovunque». Il Pontefice infatti esprime «gratitudine anche a quanti rappresentano le persone di buona volontà che non seguono alcuna tradizione religiosa, ma si impegnano nella ricerca della verità». Il vivere insieme il pellegrinaggio ad Assisi ha indicato la comune volontà di costruire la pace nel mondo, facendo apprezzare ancora una volta «la lungimiranza del compianto Papa Giovanni Paolo II nell'indire il primo incontro di Assisi e la necessità costante degli uomini e delle donne di differenti religioni di testimoniare che il viaggio dello spirito è sempre un viaggio di pace». Pur nella necessaria e inevitabile rarità di incontri come questo, Assisi mostra quanti nel mondo desiderano la pace: «Andando per le nostre strade

---

[12] Per alcune considerazioni sulla dimensione del pellegrinaggio di pace come strada privilegiata per lo sviluppo del dialogo tra le religioni nel presente, alla luce degli interventi da Giovanni Paolo II a Benedetto XVI, cfr. V. Greco, *Assisi, icona della Pace*, Todi (Pg) 2013.

diverse, traiamo forza da quest'esperienza e, ovunque siamo, proseguiamo il viaggio rinnovato che conduce alla verità, il pellegrinaggio che porta alla pace». Proprio il tema del pellegrinaggio era l'aspetto che più aveva impressionato i partecipanti, «malgrado vi fossero molti elementi innovativi»[13].

SPERANZE E DIFFICOLTÀ
DEL DIALOGO CON L'ISLAM
IL DISCORSO DI RATISBONA
E LA VISITA IN MOSCHEA

Nel 2011 Benedetto XVI aveva rinnovato gli impegni indicati da Giovanni Paolo II nel 1986, ponendo nuove questioni per un ulteriore sviluppo dello "spirito di Assisi"; infatti, forte era stato il richiamo a rafforzare l'azione delle religioni nella costruzione della pace a partire dalla lotta contro ogni forma di violenza e dalla denuncia dei tentativi di giustificare quest'ultima con la religione. Non erano mancate le critiche a coloro che, dichiarandosi "difensori" della religione, giustificavano qualunque tipo di atto, mentre veniva ripresa l'idea della necessità di un cammino di purificazione delle memorie, soprattutto relative a quelle vicende che avevano visto i cristiani favorire e promuovere la violenza.

Ad Assisi il Papa aveva però anche indicato l'assenza di religione come una delle cause della violenza, denunciando così la campagna antireligiosa come uno degli elementi che impedivano la pace; si poteva così giungere ad affermare che questa stessa campagna era uno dei fattori scatenanti della violenza, che doveva essere combattuta da tutti coloro che amavano la verità e la giustizia. Proprio per questo Benedetto XVI aveva invitato

---

[13] In questa direzione va l'intervento del cardinale Peter Kodwo Appiah Turkson a commento della Giornata di Assisi, arricchito da ricordi autobiografici sulla sua partecipazione all'incontro del 1986 (dove era stato uno dei traduttori): P. K. A. TURKSON, "Tutti coinvolti nell'opera faticosa della pace", in *L'Osservatore Romano*, 30 ottobre 2011.

nella città di san Francesco anche coloro che, pur lontani da
un'appartenenza religiosa, desideravano la pace e l'armonia; la
loro presenza era una sfida per gli atei e per le religioni, e il Papa
invitava tutti coloro che prendevano parte al dialogo interreligioso a raccogliere questa sfida.

L'incontro di Assisi, con i suoi elementi di continuità e di
novità, va letto nell'orizzonte delle iniziative di papa Ratzinger a
favore del dialogo: si tratta di un orizzonte complesso nel quale
interagiscono una serie di fattori che sovente hanno a che vedere
con il pontificato nel suo insieme. Infatti, solo per fare un esempio, il rapporto tra la natura e gli scopi del dialogo interreligioso
e la dichiarazione *Nostra aetate* rinvia al dibattito sull'interpretazione del Vaticano II e la sua recezione, un dibattito che rappresenta un elemento centrale in Benedetto XVI. Nella riflessione
sull'ermeneutica del Vaticano II[14], Ratzinger riprende e sviluppa
posizioni già espresse, ponendo l'accento su alcuni elementi, tra
i quali il valore da attribuire proprio alla *Nostra aetate*; ad essa
egli dedica numerose riflessioni fino al discorso al clero romano
pochi giorni prima di ritirarsi a vita privata, mettendo sempre in
evidenza le ragioni che portarono alla redazione e alla promulgazione di questo testo, e come la recezione del Vaticano II sia
andata oltre la lettera della dichiarazione.

Nella ricostruzione e nella valutazione delle parole e dei gesti
di Benedetto XVI per il dialogo interreligioso, si deve vincere
la tentazione di leggere questi interventi, più o meno espliciti,
a partire dagli scritti del cardinale Joseph Ratzinger, nei lunghi
anni del suo servizio alla Congregazione per la dottrina della
fede; non si devono leggere partendo dalla dichiarazione *Do-*

---

[14] Sul tema dell'ermeneutica del Concilio proposta da Benedetto XVI si
è scritto molto, forse troppo, soprattutto dopo il discorso del Papa alla Curia
romana (22 dicembre 2005); su questo aspetto rimando alla raccolta di interventi di mons. Agostino Marchetto: A. MARCHETTO, *Il Concilio Ecumenico
Vaticano II. Per la sua corretta ermeneutica*, Città del Vaticano 2012.

minus Iesus (2000), che tante polemiche suscitò, dentro e fuori la Chiesa, al momento della sua pubblicazione. Al tempo stesso pesa la questione del cambio della guardia al Pontificio Consiglio per il dialogo interreligioso. Infatti il 15 febbraio 2006 mons. Michael Louis Fitzgerald, che ne era stato segretario dal 22 gennaio 1987 e poi presidente dal 1° ottobre 2002, venne nominato nunzio apostolico in Egitto; la presidenza venne quindi assunta dal cardinale Paul Poupard, che era presidente del Pontificio Consiglio per la cultura. Questo passaggio scatenò una ridda di voci sulle ragioni dello "spostamento" di mons. Fitzgerald[15] e sulle possibilità di soppressione del Pontificio Consiglio, leggendo il doppio incarico del cardinale Poupard come una prima mossa del Papa in questa direzione. La nomina, il 30 giugno 2007, a presidente del cardinale Jean-Louis Tauran e poi (30 giugno 2012) di Miguel Ángel Ayuso Guixot, che era preside del Pontificio Istituto di Studi Arabo-islamici, a segretario, non rimise semplicemente in moto il Pontificio Consiglio per il dialogo interreligioso ma ri-indirizzò i suoi lavori: venne infatti sempre più privilegiata la pista di un dialogo a 360 gradi, con una particolare attenzione nei confronti del mondo islamico, dialogo che cercava di definire dei percorsi comuni nell'ambito della cultura e dei diritti umani.

Al di là della lettura degli interventi di papa Benedetto, pare opportuno soffermarsi su due passaggi: il discorso di Ratisbona (12 settembre 2006) e la visita in moschea a Istanbul (30 novembre 2006).

Durante il suo secondo viaggio in Germania (9-14 settembre 2006) Benedetto XVI tiene un discorso nell'aula magna

---

[15] Solo per fare due esempi dei commenti a questa promozione: M. Politi, "Ministro vaticano rimosso dal Papa, niente porpora, trasferito in Egitto", in *La Repubblica*, 16 febbraio 2006 e A. Tornielli, "Ratzinger, via il vescovo del dialogo con l'Islam", in *Il Giornale*, 16 febbraio 2006. Per il pensiero di mons. Fitzgerald sulla natura e le finalità del dialogo interreligioso, cfr. M. Fitzgerald, *Dialogo interreligioso: il punto di vista cattolico*, Cinisello Balsamo (Mi) 2007.

dell'Università di Ratisbona, dove aveva insegnato dal 1969 fino alla nomina ad arcivescovo di Monaco il 24 marzo 1977 (nella città bavarese aveva trovato quella serenità che gli era mancata nella più prestigiosa Tubinga, che aveva lasciato proprio per il clima che si era creato). Nel suo discorso affronta la questione del rapporto tra fede e ragione[16]; dopo una breve premessa, il Papa ricorda una sua lettura giovanile, cioè l'edizione curata da Theodore Khoury[17] del dialogo tra l'imperatore Manuele II Paleologo e «un persiano colto su cristianesimo e islam», annotato dallo stesso imperatore bizantino tra il 1394 e il 1402. Di questo dialogo, che «si estende su tutto l'ambito delle strutture della fede contenute nella Bibbia e nel Corano e si sofferma soprattutto sull'immagine di Dio e dell'uomo, ma necessaria-

---

[16] Il discorso di Ratisbona è stato oggetto di varie pubblicazioni a più voci; ne segnalo solo alcune: Benedikt XVI, *Glaube und Vernunft. Die Regensburger Vorlesung*, Freiburg 2006 (con il commento di Gesine Schwan, Adel Theodor Khoury e Karl Lehmann); *Die Religionen und die Vernunft. Die Debatte und die Regensburger Vorlesung des Papstes*, hrsg. von K. Wenzel, Freiburg im Breisgau 2007; J. Bollack – Ch. Jambet – A. Meddeb, *Le religioni e la ragione. Il dibattito sul discorso del Papa a Ratisbona*, a cura di K. Wenzel, Brescia 2008; *I volti della ragione. Dal logos greco al dialogo delle civiltà*, a cura di V. Melchiorre, Milano 2008; *Fede e ragione, libertà e tolleranza. Riflessioni a partire dal discorso di Benedetto XVI all'Università di Ratisbona*, a cura di S. Grygiel – S. Kampowski, Siena-Città del Vaticano 2009; *Laicità della ragione, razionalità della fede? La lezione di Ratisbona e repliche*, a cura di L. Savarino, Torino 2008. Interessanti sono anche le pagine di A. Marchesi, "Rilievi critici e risposte sulla *Lectio magistralis* di Regensburg di Benedetto XVI", in *Cristianesimo, teologia, filosofia*, a cura di F. Rossi, Milano 2010, pp. 205-228. Sarebbe interessante delineare la "tradizione" di questo discorso, che continua a essere citato e ripreso per spiegare fatti contemporanei; solo per fare un esempio, cfr. "Rileggere il Ratzinger di Ratisbona per capire gli attentati di Parigi (e non solo)", in *Il Foglio*, 16 novembre 2015.

[17] Il volume era comparso nella collezione "Sources chrétiennes": *Manuel II Paléologue. Entretiens avec un Musulman. 7e Controverse*, ed. par Th. Khoury, Paris 1966. Proprio a seguito delle polemiche per il discorso di Ratisbona, ne è stata fatta una pubblicazione in Italia: Manuele II Paleologo, *Dialoghi con un persiano*, a cura di F. Colafemmina, Soveria Mannelli (Cz) 2007.

mente anche sempre di nuovo sulla relazione tra le – come si diceva – tre "Leggi" o tre "ordini di vita": Antico Testamento, Nuovo Testamento, Corano», il Pontefice vuole soffermarsi sulla parte che affronta il tema della *jihad*. Pur tra mille premesse e precisazioni, dice che a un certo punto l'imperatore bizantino «si rivolge al suo interlocutore semplicemente con la domanda centrale sul rapporto tra religione e violenza in genere, dicendo: "Mostrami pure ciò che Maometto ha portato di nuovo, e vi troverai soltanto delle cose cattive e disumane, come la sua direttiva di diffondere per mezzo della spada la fede che egli predicava"». Nonostante lo sviluppo del discorso, dal quale era evidente che questo passaggio non era altro che una dotta parentesi (secondo uno stile tipico di Benedetto XVI), e la presenza di una nota che indicava la fonte di questa citazione, le parole del Papa scatenarono violente reazioni nel mondo, ingenerando un processo di intolleranza nei confronti del cristianesimo come se Benedetto XVI avesse voluto esprimere il giudizio dei cristiani sull'islam. A fermare questa ondata di polemiche che ne provocarono altre, generando un dibattito sul rapporto tra religione e violenza nel quale si perse di vista non solo il punto di partenza, cioè la riflessione di papa Benedetto, ma la tradizione di dialogo e confronto che si era venuta sviluppando negli ultimi decenni (e alla quale aveva contribuito anche Ratzinger), non furono sufficienti le parole aggiunte al testo pubblicato del discorso, nella nota che riportava la fonte della citazione: «Questa citazione, nel mondo musulmano, è stata presa purtroppo come espressione della mia posizione personale, suscitando così una comprensibile indignazione. Spero che il lettore del mio testo possa capire immediatamente che questa frase non esprime la mia valutazione personale di fronte al Corano, verso il quale ho il rispetto che è dovuto al libro sacro di una grande religione. Citando il testo dell'imperatore Manuele II intendevo unicamente evidenziare il rapporto essenziale tra fede e ragione». Ci furono altri passi ufficiali, tra i quali l'udienza concessa dal Pontefice agli ambasciatori dei paesi a presenza musulmana e ad alcuni esponenti delle comunità islamiche in Italia, il 23 settembre, a "stretto giro di posta" proprio per "tamponare" la campagna mediatica che, solo in parte, si poteva far risalire al discorso di Ratisbona (questo era stato, o era stato considerato, la miccia con la quale far esplodere tensioni alimentate da chi non voleva il dialogo). Il 23 settembre Benedetto XVI parlò del rispetto della Chiesa Cattolica nei confronti dell'islam e dell'importanza del dialogo islamo-cristiano, con argomenti e con toni che sembrarono poter sbloccare la situazione, tanto che da questo incontro partirono una serie di iniziative per ricucire e rilanciare le relazioni tra le due comunità[18]. Alla fine di novembre dello stesso anno, la visita papale alla Moschea Blu di Istanbul dette un'ulteriore spinta al superamento del clima creatosi dopo Ratisbona, che rimase, nonostante tutto, una ferita aperta.

Durante il viaggio apostolico in Turchia (28 novembre-1 dicembre 2006), che nasce ed è accompagnato da polemiche e tensioni tanto da paventare gesti di protesta[19] – qualcuno nel mondo islamico si spinse fino a definire questo viaggio una "crociata" –, papa Ratzinger si reca nella Moschea Blu accanto a Mustafa Cagrici, Gran Mufti di Istanbul. Compie la visita nel giorno in cui ha sottoscritto con il patriarca Bartolomeo una dichiarazione comune. In questo testo viene confermato quanto importante sia il cammino ecumenico per Roma e Costantinopoli, che però si sentono impegnate anche nella promozione del

---

[18] Tra queste iniziative segnalo la lettera inviata il 13 ottobre 2007 da 138 leader religiosi musulmani ai maggiori leader religiosi cristiani, cfr. G. RIZZARDI, "'Una Parola comune tra noi e voi'. Breve analisi 'contestuale' della 'Lettera aperta' di accademici musulmani alle chiese cristiane", in *Teologia*, 33 (2008), pp. 443-450.

[19] Cfr. G. MARCHESI, "La visita di Benedetto XVI in Turchia (28 novembre-1 dicembre 2006)", in *La Civiltà Cattolica*, 157/4 (2006), pp. 586-595; "Benedetto XVI dopo il viaggio in Turchia: ecumenismo ed Europa", in *Il Regno-Attualità*, 51/22 (2006), pp. 737-738. Sull'incontro tra Benedetto XVI e Bartolomeo, cfr. G. LIMOURIS, "Benedetto XVI e Bartolomeo I: un incontro spirituale", in *Il Regno-Attualità*, 51/22 (2006), pp. 742-743.

dialogo interreligioso. Chiara inoltre è la condanna dell'integralismo, che si nasconde dietro le fedi per giustificare qualunque forma di violenza: per questo il dialogo interreligioso deve essere sviluppato, anche e soprattutto, per combattere violenza e discriminazione. Benedetto XVI e Bartolomeo I esprimono una condanna del terrorismo che colpisce tante comunità, come «i luoghi del mondo dove vivono i cristiani», citati per ricordare la loro condizione nel mondo; c'è anche un esplicito riferimento all'integralismo di matrice islamica che, là dove causa dei morti, deve essere consapevole di offendere Dio e la dignità umana.

Dopo la mattina trascorsa al Fanar[20], il Papa compie una visita a Santa Sofia – trasformata in moschea al momento della caduta di Costantinopoli (1453) e poi diventata un museo (1935) –, lasciando un commento nel "Libro d'oro": «Nelle nostre diversità ci troviamo davanti alla fede del Dio unico, che Dio ci illumini e ci faccia trovare la strada dell'amore e della pace». Si dirige quindi verso la Moschea Blu: seguendo le disposizioni islamiche per l'ingresso in un luogo di preghiera, visita l'edificio accompagnato dal Gran Mufti di Istanbul Mustafa Cagrici. E qui accade qualcosa di mai visto: Benedetto XVI si ferma davanti al *mihrab* (l'edicola rivolta in direzione della Mecca verso la quale indirizzano le loro preghiere i fedeli musulmani) per un momento di silenziosa meditazione. Questa sosta viene interpretata come una preghiera silenziosa, suscitando grande emozione soprattutto tra coloro che erano insieme al Pontefice, tanto da far leggere questo gesto come un aiuto concreto nella ricerca di strade condivise per costruire la pace. Ma la sosta silenziosa generò anche delle critiche: da parte di quei musulmani che consideravano il gesto una provocazione, e di quei cattolici che si scagliarono contro il Papa per aver compiuto l'ennesimo passo verso l'abbraccio mortale con l'islam. Di fronte alle critiche, che in parte nascevano da fantasiose interpretazioni, padre Federi-

---

[20] Quartiere di Istanbul in cui ha sede il Patriarcato ecumenico (*ndr*).

co Lombardi, direttore della Sala Stampa vaticana, rilasciò una dichiarazione nella quale sosteneva che Benedetto XVI in quel momento si era rivolto a Dio.

Questi due episodi (Ratisbona e Istanbul), insieme a molti altri, mostrano quanto papa Ratzinger avesse a cuore l'ulteriore sviluppo della partecipazione della Chiesa al dialogo interreligioso, approfondendo e riconsiderando lo "spirito di Assisi" come una fonte privilegiata per la costruzione della pace da parte delle religioni. All'interno del dialogo interreligioso era sempre più evidente che un posto privilegiato doveva essere riservato alle relazioni con il mondo islamico; questo rispondeva non solo a una scelta condivisa da tanti cristiani, ma anche al bisogno di sconfiggere quei pregiudizi che erano tanto diffusi da inquinare il vivere comune e generare atti di intolleranza, discriminazione e violenza. Si dovevano inventare dei percorsi per superare questa situazione, cercando anche nel passato figure e luoghi che avevano posto la questione delle ricchezze del dialogo islamo-cristiano. In questa prospettiva la vita di san Francesco offriva ancora una volta la possibilità di aprire nuove strade per il confronto.

DIALOGARE CON IL SULTANO?
STUDI E RILETTURE DELL'INCONTRO DI FRANCESCO CON AL-MALIK AL-KAMIL

Negli ultimi decenni il dialogo tra la Chiesa Cattolica e il mondo islamico ha preso mille strade, come dimostrano le molte iniziative che si sono sviluppate, anche in questi ultimi anni, con modalità molto diverse; tali iniziative sovente possono ricordare lo "spirito di Assisi", quando non ne fanno esplicito riferimento. Questo universo di progetti del dialogo cattolico-islamico, che spesso ha assunto una dimensione ecumenica per l'attiva partecipazione di cristiani di diverse confessioni, ha arricchito la reciproca conoscenza, cercando di uscire dalla logica della contrapposizione e dello scontro, senza ignorare le differenze culturali e le memorie storiche che pesano sulla costruzione di questi rapporti.

Tra le iniziative che più dipendono dallo "spirito di Assisi", a mio avviso, appare particolarmente interessante il recupero di una pagina della vita di san Francesco, cioè il suo incontro con il sultano d'Egitto al-Malik al-Kamil, avvenuto a Damietta, sul delta del Nilo (a pochi chilometri dal Cairo), nel 1219. L'incontro, storicamente attestato, avviene in un tempo nel quale cristiani e musulmani stanno combattendo in Egitto e in Palestina nell'ambito della V Crociata (1217-1221), indetta da Onorio III[21]. Nonostante lo stato di guerra Francesco decide di andare dal Sultano per parlargli del Vangelo, per creare un dialogo, sconfiggere la guerra e favorire la pace: non si tratta di un viaggio facile fin dalla sua progettazione, dal momento che per due volte Francesco tenta invano di recarsi in Terra Santa. Quando alla fine arriva ad Acri, solo dopo varie richieste ottiene il permesso di raggiungere l'Egitto, dove viene arrestato, malmenato e alla fine portato di fronte al Sultano per essere condannato a morte. L'incontro diventa occasione per un confronto che non assume toni aggressivi perché Francesco vuole essere annunciatore dell'Evangelo per testimoniare la fede di Cristo, che è amore; si tratta di un amore che non accetta compromessi e per questo può condurre al martirio. In questa prospettiva appare quasi inevitabile che il racconto dell'incontro si arricchisca di un episodio che rimanda alle Sacre Scritture e alle vicende dei martiri cristiani dei primi secoli: Francesco invita i "sacerdoti" del Sultano a entrare con lui in un grande fuoco per conoscere quale fede debba essere ritenuta vera e santa; in questo modo il

---

[21] Sulle crociate, al di là della classica ricostruzione storica di Steven Rucinam (*Storia delle Crociate*, 2 voll., Torino 1993), si hanno anche recenti studi su aspetti particolari e nuovi: M. CARR, *Merchant Crusaders in the Aegean 1291-1352*, Rochester NY 2015; N. CHRISTIE, *Muslims and Crusaders. Christianity's Wars in the Middle East, 1095-1382, from the Islamic Sources*, London 2014; J. PHILIPS, *The Crusades 1095-1204*, London 2014[2]; J. HARRIS, *Byzantium and the Crusades*, London 2014, e il meno recente A. DEMURGER, *Crociate e crociati nel Medioevo*, Milano 2010.

sovrano avrebbe potuto scegliere a quale religione appartenere, cioè se accogliere l'invito di Francesco a "convertirsi" al cristianesimo. Di fronte a questa proposta, non solo ritroviamo le perplessità del Sultano rispetto al comportamento dei suoi "sacerdoti", tanto che alcuni di loro si dileguano, ma anche l'impossibilità del leader musulmano ad accettare le condizioni dettate da Francesco: il santo si dice pronto a passare nel fuoco solo se il Sultano prometterà di "convertirsi" al cristianesimo una volta che Francesco sarà uscito incolume dalla prova. Il sovrano rifiuta la proposta ma, in segno di rispetto nei confronti di Francesco, gli offre molti doni per i poveri: questa volta è il Poverello che oppone un rifiuto perché non vuole compromettersi con il possesso di beni materiali, nemmeno se destinati ai poveri.

Questo episodio della vita di Francesco, mirabilmente raffigurato da Giotto[22], è stato oggetto di studi[23] e di convegni[24] per un recupero storico-spirituale alla luce degli incontri di Assisi, in modo da offrire un contributo alla conoscenza del santo come modello di dialogo nella fedeltà alla missione dell'annuncio di Cristo. Tra gli studi meritano una particolare menzione quelli

---

[22] A Giotto viene attribuita la raffigurazione di questo episodio nel ciclo degli affreschi delle "Storie di san Francesco" nella basilica superiore di Assisi tra il 1295 e il 1299.

[23] Oltre agli studi di Gwenolé Jeusset, sui quali si può vedere qualcosa qui di seguito, mi piace citare J. TOLAN, *Il santo dal sultano. L'incontro di Francesco d'Assisi e l'islam*, Roma/Bari 2009, e il molto più agile L. RADI, *Francesco e il sultano*, Assisi 2006. Un recente contributo è C. SOLARES, "El encuentro corre el riesgo de convertirse en un choque: Francisco de Asís y Alik al Kamil, sultán (rey) de Egipto", in *Antonianum*, 89 (2014), pp. 713-725; uno più generale, R. DE LOIZAGA S., "Los Franciscanos y el Islam (siglos XIII-XIV)", in *Religioni et doctrinae. Miscellanea di studi offerti a Bernardino de Armellada in occasione del suo 80° compleanno*, a cura di A. Horowski, Roma 2009, pp. 71-109.

[24] Solo per fare un esempio, il 25 settembre 2010 si è tenuta una giornata di studio a Firenze promossa dalla Provincia toscana di San Francesco Stimmatizzato dei Frati Minori e dalla Scuola Superiore di Studi Medievali e Francescani della Pontificia Università Antonianum; gli atti di questa giornata stono stati pubblicati con il titolo *Francesco e il Sultano*, Firenze 2011.

di Gwenolé Jeusset, francescano che ha dedicato la sua vita al dialogo e alla missione, a lungo responsabile del Segretariato per le relazioni con l'islam della Conferenza episcopale francese, della Commissione francescana per le relazioni con i musulmani e membro della Commissione sull'islam della Santa Sede[25]. Per Jeusset il recupero di questo episodio è importante per la comprensione dei tempi presenti, tanto più se si ripensa al fatto che per secoli esso fu considerato un fallimento, dal momento che non aveva portato alla conversione del Sultano. Si tratta di una pagina che, per Jeusset, deve essere letta nel contesto della prima generazione della vita dell'Ordine francescano, accostandola a un altro episodio, cioè la missione dei francescani in Marocco per l'annuncio dell'Evangelo, che si concluse tragicamente con il loro martirio a Marrakech. Si ha quindi, inevitabilmente, un confronto tra un annuncio che voglia essere un dialogo nel rispetto della cultura e delle tradizioni dell'altro, senza rinunciare alla missione dell'evangelizzazione, e una missione che non tenga conto del contesto dove opera, proponendo solo, in modo trionfalistico, le verità di fede. Non si tratta di creare un'unica religione, un unico libro, ma di far incontrare cristiani e musulmani, Bibbia e Corano: di fronte all'impossibilità di vivere il martirio, Francesco sceglie la strada di amare i musulmani nella convinzione che anche per loro Cristo ha versato il suo sangue.

Ovviamente, l'incontro di Francesco con al-Malik al-Kamil è stato sempre oggetto di studio e di riflessione nella tradizione e nella storiografia francescane[26], anche grazie alle raffigurazio-

---

[25] G. JEUSSET, *Francesco e il sultano*, Milano 2008; a questo volume ne è seguito un altro più sintetico: *San Francesco e l'Islam*, Milano 2009.

[26] Un volume di qualche anno fa, utile per comprendere il cambio di prospettiva nella lettura dell'incontro di Francesco con il Sultano, è G. BASETTI-SANI, *L'Islam e Francesco d'Assisi. La missione profetica per il dialogo*, Firenze 1975; dello stesso autore, cfr. anche "San Francesco e i suoi figli nella vita e nelle opere di Louis Massignon", in *Studi francescani*, 79 (1982), pp. 149-172. Sulla figura di Basetti-Sani, uno dei più acuti studiosi della storia delle relazioni tra cristiane-

ni che ne sono state fatte. Tuttavia l'incontro di Assisi e le ricadute nell'Ordine serafico (sulle quali qualcosa, pur in forma sintetica, si può leggere nel secondo capitolo) determinano un salto qualitativo nella rilettura di questo episodio: esso diventa non più semplicemente una pagina di storia, ma una fonte per comprendere come, anche nel passato, di fronte a difficoltà apparentemente insormontabili, sia stato possibile creare occasioni di dialogo da parte di chi si proponeva di annunciare la propria fede in uno spirito rispettoso della propria missione e della cultura dell'altro. In questa direzione si colloca anche un sintetico volume del padre conventuale Edoardo Scognamiglio[27] che, in poche pagine, con grande efficacia riesce a presentare l'incontro tra Francesco e il Sultano partendo dall'esame delle fonti; tale lettura consente a Scognamiglio di contestualizzare l'esperienza del Poverello, cogliendo la natura e gli scopi di questo incontro in modo da passare allo "spirito di Assisi", e lasciando intravedere quanto le scelte di Giovanni Paolo II per un dialogo tra religioni, fondato sul rispetto, sulla stima e sull'identità fossero in sintonia con quanto immaginato e fatto dal santo.

A margine della riflessione sul recupero di questa pagina di storia, mi sembra opportuno evocare un altro aspetto, tra i molti, che contribuisce ad alimentare un'immagine dei rapporti tra cristiani e musulmani che non è improntata al dialogo, ma li vuole ricondurre a una logica di scontro: il ruolo della cine-

---

simo e islam, cfr. B. Sturnega, *Padre Giulio Basetti Sani (1912-2001). Una vita per il dialogo cristiano-musulmano*, Firenze 2011. Sulla storiografia francescana vorrei segnalare due recenti e interessanti volumi di Giuseppe Buffon: *San Francesco d'Assisi. Fonti francescane e rinnovamento conciliare*, Padova 2011 e *Storia dell'Ordine francescano. Problemi e prospettive di metodo*, Roma 2013; dello stesso autore si può leggere un contributo sulla storia delle relazioni tra francescani e musulmani: G. Buffon, "L'atteggiamento dei francescani verso l'Islam dell'ultimo Impero Ottomano", in *Antonianum*, 85 (2010), pp. 19-44.

[27] E. Scognamiglio, *Francesco e il sultano. Lo spirito di Assisi e la profezia della pace*, Padova 2011.

matografia nel raccontare i tempi di san Francesco. Tra i tanti esempi che si possono fare, vorrei soffermarmi brevemente sul film *Le Crociate-Kingdom of Heaven* di Ridley Scott, uscito il 6 maggio 2005 in contemporanea mondiale. La pellicola racconta una pagina della complessa storia delle Crociate, a partire dalla vicenda personale di Baliano di Ibelin, che si ritrova in Terra Santa prima a combattere i saraceni e poi a difendere le mura di Gerusalemme; intorno alla figura di Baliano ruotano personaggi, luoghi e temi che definiscono lo scontro tra cristiani e musulmani in termini che niente hanno a che vedere con la memoria storica (alla quale peraltro lo stesso regista ha sempre dichiarato di essere poco interessato), ma che descrivono una situazione nella quale la dimensione religiosa è relegata in secondo piano. Nel film alcune figure di religiosi danno scandalo, creano scontri, non incoraggiano il dialogo tanto che appare evidente che essi sono una proiezione dell'oggi, di una certa visione "moderna" della religione, trasposta nel passato in un modo così ben fatto da costruire un'altra storia rispetto a quella reale. Anche con queste rappresentazioni così lontane dalla verità storica, che tanto successo continuano ad avere, lo "spirito di Assisi" deve confrontarsi: non per negare cosa è stato fatto nel passato contro il dialogo, ma per evitare di delineare il presente su un passato che non è mai esistito.

Capitolo V

DA ASSISI NEL MONDO

Papa Francesco e la cultura dell'accoglienza

Dialogo e pace sono tra i temi più presenti nel magistero di papa Bergoglio fin dai primi passi del suo pontificato[1]. Infatti è apparso subito evidente che papa Francesco pensasse a una Chiesa impegnata in prima persona nella promozione del dialogo, un dialogo da vivere al suo interno in modo da sviluppare una sempre più dinamica e reale collegialità a tutti i livelli: con gli altri cristiani, per approfondire il cammino ecumenico così da testimoniare insieme Cristo nell'unità della diversità delle tradizioni cristiane; con le altre religioni, per trovare nuove forme di collaborazione con le quali condannare discriminazione e violenza e definire percorsi educativi, soprattutto per i giovani; con il mondo, per riaffermare la necessità di trovare insieme delle soluzioni per combattere la povertà e l'emarginazione.

---

[1] Il "successo" di papa Francesco si coglie dalle innumerevoli pubblicazioni a lui dedicate. Non è il caso, in questa sede, di formulare un giudizio complessivo sulla qualità scientifica e l'opportunità ecclesiale di queste pubblicazioni. Tra queste segnalo solo gli studi che hanno direttamente a che fare con il dialogo: G. Silvestre, "Papa Francesco e il dialogo ecumenico e interreligioso", in *Vivarium*, 22 (2014), pp. 399-416; R. Burigana, *Un cuore solo. Papa Francesco e l'unità della Chiesa*, Milano 2014; R. Vinerba, *Lo spirito di Assisi e papa Francesco*, Assisi 2014; P. Ferrara, *Il mondo di Francesco. Bergoglio e la politica internazionale*, Cinisello Balsamo (Mi) 2016. Anche se pubblicata su un quotidiano, è utile la riflessione del cardinale K. Koch durante la Settimana di preghiera per l'unità dei cristiani: K. Koch, "Cammino a quattro dimensioni. La visione ecumenica di Papa Francesco", in *L'Osservatore Romano*, 16 gennaio 2016, p. 6.

Proprio nel dialogo, così declinato secondo un modello che richiama implicitamente la prospettiva indicata da Paolo VI nell'enciclica *Ecclesiam suam*, per papa Francesco la Chiesa deve trovare ulteriore forza per l'evangelizzazione con uno stile di vita in grado di testimoniare le ricchezze e le speranze; una Chiesa che si adoperi, ogni giorno e in ogni luogo, per costruire la pace, fondata sul perdono, sulla riconciliazione, sulla giustizia, vincendo la tentazione di pensare che sia sufficiente firmare delle carte per giungere alla pace.

Nella riflessione su come vivere il dialogo e su come costruire la pace è forte in papa Francesco il richiamo al patrimonio teologico-spirituale delle Sacre Scritture, spesso citate in modo esplicito, ma ancora più spesso presenti in modo del tutto implicito nelle sue parole e nei suoi gesti; in questa riflessione i documenti del Concilio Vaticano II costituiscono una fonte altrettanto presente nella formulazione del dialogo ecumenico, interreligioso e interculturale, con i quali proseguire la strada del rinnovamento della Chiesa per renderla testimone sempre più vitale del Cristo Risorto.

In questo modo si crea, di fatto, un legame molto stretto tra dialogo e pace che rimanda alla cultura dell'accoglienza; su di essa Bergoglio torna molto frequentemente, dal momento che ritiene che solo la sua diffusione e il suo radicamento possa realmente aiutare ad affrontare e superare le crisi (non solo quelle economiche) che appesantiscono il mondo, tolgono speranza ai giovani e deturpano il volto della Chiesa. Nella riflessione sulla cultura dell'accoglienza un posto del tutto privilegiato è riservato a san Francesco d'Assisi, che è un modello al quale richiamarsi per affrontare le sfide della società contemporanea, scoprendo che i gesti e le parole del santo, dopo essere rimasti per secoli inascoltati o depotenziati, sono ancora attuali.

Questi elementi per papa Francesco devono assumere una dimensione ecumenica: la Chiesa cioè deve impegnarsi per condividere queste prospettive spirituali e teologiche con gli altri cristiani per rendere più efficace la missione, che le è propria, di rimuovere lo scandalo della divisione e per comprendere sempre meglio la propria natura nel vivere, appunto, la comunione con gli altri cristiani. In questo modo si può favorire il cammino per un ulteriore sviluppo del dialogo interreligioso nella Chiesa e della Chiesa, sviluppo che viene alimentato dal recupero di quello "spirito di Assisi" con il quale invitare le religioni a condannare la violenza e a costruire la pace.

Sul rapporto dialogo-pace sono numerosi gli interventi di papa Bergoglio: si può cogliere il rilievo di questo rapporto prendendo in esame i primi passi del pontificato, la visita ad Assisi (4 ottobre 2013) e il Giubileo della Misericordia; sono tre elementi che aiutano a comprendere la ricchezza di dialogo e di pace, ma che non esauriscono l'argomento dato che il suo pontificato è ancora in pieno svolgimento.

PRESIEDERE NELLA CARITÀ
PAPA FRANCESCO E IL DIALOGO

«Incominciamo questo cammino: Vescovo e popolo. Questo cammino della Chiesa di Roma, che è quella che presiede nella carità tutte le Chiese. Un cammino di fratellanza, di amore, di fiducia tra noi. Preghiamo sempre per noi: l'uno per l'altro. Preghiamo per tutto il mondo, perché ci sia una grande fratellanza»[2]: con queste parole papa Francesco si è presentato al mondo il 13 marzo 2013, mostrando uno stile e indicando una prospettiva nella quale centrale era la ricerca della comunione, fatta di ascolto, di dialogo, di condivisione, in linea con la tradizione plurisecolare della Chiesa e con un'attenzione particolare al Concilio e alla sua recezione.

La scelta del nome, Francesco, sembrava indicare che il neo-eletto Papa voleva muoversi, a partire dalla tradizione, in dire-

---

[2] Per gli scritti di papa Francesco si rimanda alla pagina web della Santa Sede. In edizione cartacea sono disponibili gli scritti del 2013 e di una parte del 2014: FRANCESCO, *Insegnamenti*, voll. 1-2/I, Città del Vaticano 2014-2015.

zioni nuove rispetto a quelle percorse dai suoi più immediati predecessori; infatti il nome Francesco per un Papa era una novità che rimandava subito a uno stile di vita nel quale povertà e accoglienza erano i tratti peculiari, con un impatto immediato che andava al di là dei confini della Chiesa e del mondo religioso. Anche per coloro che avevano grande familiarità con la vita della Chiesa e la storia del cristianesimo, la figura del santo era tornata a essere conosciuta, anche se non sempre in modo scientificamente fondato, poiché spesso le rappresentazioni che se ne facevano cercavano soprattutto di sottolineare degli aspetti che non potevano essere letti al di fuori dell'assolutezza della sua esperienza cristiana: in altri termini, si poteva evocare e lodare l'amore di Francesco per la natura, ma questo doveva essere letto come uno dei modi con i quali il Poverello pensava si dovesse rendere grazie per il dono della creazione, e non certo come segno di una spiritualità "verde" priva di alcuna valenza confessionale. Proprio la dimensione di Francesco come santo "verde" aveva creato sintonie tra ambienti molto distanti ideologicamente, che trovavano punti di incontro a partire dalla lettura di alcuni suoi testi, in particolare il *Cantico delle creature*. In questo percorso il dialogo ecumenico e interreligioso contribuivano ad approfondire il tema, sul quale anche papa Francesco era destinato a tornare con una serie di interventi, fino alla pubblicazione dell'enciclica *Laudato si'* «sulla cura della casa comune» (24 maggio 2015): in essa evidente è il richiamo al cammino ecumenico, in particolare alla riflessione della Chiesa ortodossa sul creato, che va oltre la semplice dimensione della custodia[3].

---

[3] L'enciclica ha suscitato uno straordinario interesse, anche al di fuori della Chiesa Cattolica; tra i commenti al testo, mi piace rinviare alle pagine di Bruno Bignami ("Il libro della creazione"), di Luis Infanti de la Mora ("La conversione ecologica") e di Vittorio Prodi ("Contro l'egoismo globale"), editi in PAPA FRANCESCO, *Laudato si', sulla cura della casa comune*, Bologna 2015.

Per altri versi si poteva ricondurre la scelta del nome Francesco a una delle tante "prime volte" del neo-eletto: il primo gesuita, il primo argentino, il primo a non aver preso parte al Concilio Vaticano II. Tuttavia a me pare che, più che proseguire in questo elenco che potrebbe essere quasi infinito (tenuto conto soprattutto dei gesti di papa Bergoglio, con i quali voleva dare un segnale di novità nella continuità), sia opportuno cercare di cogliere il significato alla base di tale scelta: essa rimanda anche al desiderio di favorire un ulteriore sviluppo della partecipazione della Chiesa Cattolica al dialogo con le religioni, approfondendo così quello "spirito di Assisi" che partiva dall'esperienza di san Francesco così come era stata riletta negli ultimi anni.

Francesco non era quindi solo un modello di povertà evangelica, come in tanti si affrettarono a ricordare, sottolineando anche i contrasti che il santo e le prime generazioni di francescani ebbero con Roma – poco incline, quest'ultima, a seguire, e talvolta anche solo ad assecondare, la strada della povertà indicata come prioritaria dal Poverello nell'annuncio e nella testimonianza di Cristo –. Il nome Francesco evocava la ricerca del dialogo e il rifiuto delle armi secondo una tradizione cristiana che si era venuta rafforzando negli ultimi anni, soprattutto dopo l'iniziativa di Giovanni Paolo II di convocare l'incontro del 27 ottobre 1986 ad Assisi. Al momento dell'elezione di papa Bergoglio si poteva dire che l'intuizione di Giovanni Paolo II aveva portato alla presa di consapevolezza nella Chiesa Cattolica del significato del dialogo interreligioso per la costruzione della pace, pur in presenza di "distinguo" e di precisazioni in alcuni ambienti ecclesiastici (soprattutto quando si parlava di rapporti con l'islam). Così il dialogo interreligioso si era sì sviluppato, creando opportunità di cooperazione, ma queste sembravano aver inciso poco sulla costruzione della pace, tanto più che forte era l'idea che ci fossero delle religioni o degli uomini religiosi che non solo giustificavano ma anche incoraggiavano la violenza, e che in questo modo le religioni alimentassero conflitti in diverse parti del mondo.

Bergoglio si doveva misurare con una situazione internazionale nella quale tanti erano gli scenari di guerra, più meno dichiarata, diffuso era il ricorso alla violenza, per certi versi considerato inevitabile, e preoccupante il fenomeno dei migranti, sempre più esteso per dimensioni e avversato da molti. Di fronte a questa situazione, che presto papa Francesco ha cominciato a definire «terza guerra mondiale a pezzi», sembrava fondamentale rilanciare l'idea di una quotidiana cooperazione delle religioni nella condanna della violenza per la costruzione della pace. C'era chi si chiedeva se il nuovo Papa potesse essere in grado di proseguire la strada indicata da Giovanni Paolo II e ripresa, con qualche modifica non secondaria, da Ratzinger (tenuto conto che Bergoglio non era stato uno dei protagonisti della stagione degli incontri di Assisi). A questa osservazione, che peraltro si sarebbe dissolta nel giro di poche settimane alla luce dei gesti di papa Francesco, si poteva dare una prima risposta ripercorrendo la biografia del nuovo Pontefice[4]: l'arcivescovo di Buenos Aires aveva sempre cercato l'incontro e il dialogo in prospettiva ecumenica, ebraico-cristiana e interreligiosa. In campo ecumenico divennero note da una parte le sintonie con le comunità pentecostali per la centralità della preghiera e dell'annuncio nella vita della Chiesa, dall'altra il confronto, talvolta anche aspro, con le Chiese evangeliche su alcuni temi etici, sui quali il governo argentino voleva intervenire in nome della modernità con provvedimenti legislativi che erano completamente estranei alla tradizione della Chiesa Cattolica.

Il dialogo con l'ebraismo era stato un altro dei tratti caratteristici dell'episcopato di Bergoglio, soprattutto grazie all'amicizia che si era sviluppata tra l'arcivescovo di Buenos Aires e il rabbino Abraham Skorka; se il dialogo con gli ebrei non poteva essere

---

[4] Tra le pubblicazioni sugli anni argentini di papa Bergoglio, cfr. N. Scavo, *I sommersi e i salvati di Bergoglio*, Milano 2014 e J. Cámara – S. Pfaffen, *Gli anni oscuri di Bergoglio, una storia sorprendente*, Milano 2016.

considerato una novità nel panorama del cattolicesimo argentino post-conciliare, esso rappresentava pur sempre un elemento
chiamato a fare i conti con un latente antisemitismo, presente in
diversi ambienti della società argentina[5]. Con il rabbino Skorka Bergoglio iniziò un rapporto che ben presto uscì dall'ambito
di un confronto formale tra cristianesimo ed ebraismo alla luce
della recezione della dichiarazione *Nostra aetate*. Questa amicizia portò a un dialogo spirituale nella reciproca scoperta di
quanto in comune avessero ebrei e cristiani pur nella diversità
delle proprie identità, così come si erano sviluppate nel corso dei
secoli: una parte di questo dialogo venne pubblicato e, una volta
eletto Papa, ripubblicato, diventando un bestseller[6] che aiutò a
comprendere i gesti di fraternità, di amicizia e di dialogo di papa
Francesco nei confronti degli ebrei fin dalle prime settimane del
suo pontificato.

Nei confronti del mondo islamico Bergoglio compì un gesto chiaro per manifestare quanto la Chiesa Cattolica tenes-
se al dialogo con i musulmani e cosa si aspettasse da questo
dialogo: il 10 luglio 2013 firmò il *Messaggio ai musulmani nel
mondo intero per la fine del Ramadan*. Per il Santo Padre era «un
grande piacere» indirizzare questo messaggio, che proseguiva la
tradizione del Pontificio Consiglio per il dialogo interreligioso
di inviare «un messaggio augurale, accompagnato da un tema
offerto per la riflessione comune»: aveva deciso di firmarlo in
prima persona e di inviarlo ai «cari amici, come espressione di
stima e amicizia per tutti i musulmani, specialmente coloro che
sono capi religiosi». In esso il Papa ricorda la sua scelta del nome
Francesco, che è «un santo molto famoso, che ha amato profon-

---

[5] Esso affondava le sue radici nella seconda metà del XIX secolo e si era rafforzato dopo l'arrivo di tanti esuli tedeschi dopo la conclusione della Seconda
guerra mondiale. In proposito mi piace segnalare il recente D. Fertilio, *L'anima del Führer. Il vescovo Hudal e la fuga dei nazisti in SudAmerica*, Venezia 2015.

[6] L'edizione originale, in spagnolo, è del 2010; per la traduzione italiana,
cfr. J. Bergoglio – A. Skorka, *Il cielo e la terra*, Milano 2013.

damente Dio e ogni essere umano, al punto da essere chiamato "fratello universale"»: san Francesco ha voluto testimoniare l'amore di Dio, mettendosi al servizio dei bisognosi, dei malati e dei poveri e prendendosi cura della creazione. Il Papa sa che «le dimensioni familiare e sociale sono particolarmente importanti per i musulmani» così come per tanti cristiani che vivono negli stessi paesi, tanto da considerarle un campo comune di confronto e di cooperazione. Anche per questo propone alla riflessione il tema della «promozione del mutuo rispetto attraverso l'educazione». Attraverso di esso, desidera indicare quanto rilevante sia la definizione di percorsi educativi dal momento che l'educazione è il modo con cui «ci comprendiamo gli uni gli altri, sulla base del mutuo rispetto». "Rispetto" significa comportarsi con gentilezza nei confronti delle persone alle quali vogliamo dimostrare considerazione e stima, mentre "mutuo" indica che non si tratta di un processo che va in una sola direzione ma che deve essere condiviso. Per ogni persona si deve rispettare «la sua vita, la sua integrità fisica, la sua dignità e i diritti che ne scaturiscono, la sua reputazione, la sua proprietà, la sua identità etnica e culturale, le sue idee e le sue scelte politiche»: per coltivare questo rispetto cristiani e musulmani devono parlare gli uni degli altri in modo rispettoso, non solo in presenza dell'altro, ma sempre e dovunque, per evitare qualsiasi occasione di tensione e scontro. Per costruire un mondo nel quale il rispetto sia reale e quotidiano si devono coinvolgere le famiglie, le scuole, l'insegnamento religioso e i *mass-media*.

Il muto rispetto è fondamentale nei rapporti tra le religioni, in particolare tra cristiani e musulmani; si tratta di «rispettare la religione dell'altro, i suoi insegnamenti, simboli e valori», soprattutto i capi religiosi e i luoghi di culto, dal momento che le notizie degli attacchi ai capi e ai luoghi provocano dolore e sconforto. «Nel manifestare rispetto per la religione degli altri o nel porgere loro gli auguri in occasione di una celebrazione religiosa» si vuole condividere una gioia senza entrare nel merito dei contenuti di fede: cristiani e musulmani devono pensare all'educazione dei giovani per creare dei percorsi formativi che aiutino «a pensare e a parlare in modo rispettoso delle altre religioni o dei loro seguaci, evitando di mettere in ridicolo o denigrare le loro convinzioni e pratiche».

La ricerca del mutuo rispetto non è importante solo per il dialogo interreligioso, ma per ogni relazione umana: quando esso è vissuto tra le religioni, questo può far crescere «un'amicizia sincera e duratura». Il Papa ricorda il suo discorso al Corpo diplomatico presso la Santa Sede, il 22 marzo 2013, pochi giorni dopo l'elezione, nel quale diceva che si deve rafforzare il dialogo e la cooperazione tra le religioni, soprattutto tra cristiani e musulmani: da parte sua, è viva la speranza che cristiani e musulmani «possano essere veri promotori di mutuo rispetto e amicizia, in particolare attraverso l'educazione». E conclude il suo messaggio rivolgendo ai musulmani «i migliori auguri e preghiere affinché le vostre vite possano glorificare l'Altissimo e arrecare gioia a coloro che vi circondano».

Con ciò era chiaro che il Papa desiderava rafforzare il dialogo e la cooperazione con l'islam in uno spirito di rispetto reciproco che doveva guidare l'azione quotidiana, in modo da impedire la diffusione di pregiudizi e fraintendimenti. Particolare attenzione doveva quindi essere rivolta ai giovani, per i quali si dovevano pensare percorsi formativi che aiutassero a comprendere le ricchezze delle religioni e a superare le difficoltà tra di loro e nei confronti del mondo.

Poche settimane dopo la firma del messaggio per la fine del Ramadan, papa Bergoglio visita Assisi: anche se non è il suo primo "viaggio" fuori Roma[7], questa giornata trascorsa nella città di san Francesco assume un significato del tutto particolare per le parole, i gesti, gli incontri che la caratterizzano,

---

[7] Il primo viaggio è stato all'isola di Lampedusa, l'8 luglio 2013; in proposito, cfr. A. M. Vigliò, "Per una solidarietà senza confini", in L'Osservatore Romano, 4 luglio 2013, p. 8.

mostrando quanto il Pontefice desideri vivere e riproporre lo
"spirito di Assisi" in una dimensione che sappia recuperare e
valorizzare l'esperienza cristiana di san Francesco e i luoghi
dove questa mosse i primi passi.

SANTO PER IL MONDO
LA VISITA DI PAPA FRANCESCO AD ASSISI
(4 OTTOBRE 2013)

Il 4 ottobre 2013 Bergoglio si reca ad Assisi, nel giorno in cui
la Chiesa fa memoria di san Francesco: una giornata di incontri
nel nome del santo, testimone di dialogo, costruttore di accoglienza verso gli ultimi[8].

Il Papa, che è accompagnato dal Consiglio dei cardinali,
desidera che la sua visita sia un «pellegrinaggio di amore», un
momento nel quale raccogliersi in preghiera sulla tomba di san
Francesco «che si è spogliato di se stesso e si è rivestito di Cristo
e, sull'esempio di Cristo, ha amato tutti, specialmente i più poveri e abbandonati», testimoniando così con stupore e semplicità
il dono della creazione di Dio. Queste le parole del discorso,
preparato ma poi non pronunciato, per il suo primo incontro assisiate con i bambini disabili e ammalati ospiti dell'Istituto Serafico: a loro il Pontefice si rivolge parlando a braccio. Per papa
Francesco nell'incontro con questi bambini si possono toccare
con mano le «piaghe» del mondo, che hanno bisogno di essere

---

[8] Per una presentazione di questa visita, cfr. i quattro articoli pubblicati da
L'Osservatore Romano, 3 ottobre 2013, p. 6: D. SORRENTINO, "Una tabella di
marcia"; F. MIGLIASSO, "Ritorno alla povertà"; M. GAMBETTI, "Quando Francesco sarà di fronte al Pontefice"; SORELLE CLARISSE DEL PROTOMONASTERO
SANTA CHIARA, "Alla presenza di Santa Chiara". Cfr. anche G. BASSETTI, "I
giovani e il Papa: da Rio a Assisi", in *La Voce*, 27 (19/07/2013). Per una cronaca
della visita cfr. E. PICUCCI, "Francesco abbraccia il lebbroso", in *L'Osservatore
Romano*, 4 ottobre 2013 e F. ROSSI, "I segni di Assisi. Le parole, gli incontri, i
momenti privati e oranti, l'attenzione alla Chiesa locale", in *Il Regno-Attualità*,
58/18 (2013), pp. 569-570.

ascoltate e riconosciute; parafrasando l'episodio dei discepoli di Emmaus, ricorda che anche il pane deve essere «ascoltato», dal momento che Gesù è presente e nascosto dietro la semplicità e la mitezza di questo alimento, con il quale si manifesta al mondo e che cambia il mondo. Nel dolore e nella sofferenza di questi fanciulli si incontra Gesù Cristo, così come è ripetuto nel Nuovo Testamento. Secondo Bergoglio la cultura dell'accoglienza, che un cristiano deve vivere nella fedeltà al messaggio evangelico, è poco amata dalla società contemporanea, nella quale sembra prevalere la cultura dello «scarto». Questo tipo di cultura si manifesta anche nella scarsa attenzione nei confronti delle persone più deboli, che sono considerate alla stregua di uno «scarto» dalla società a causa della loro fragilità.

Papa Francesco incontra poi i poveri assistiti dalla Caritas, proseguendo il suo «pellegrinaggio di amore» che lo conduce ad accogliere e condividere la povertà materiale e spirituale di coloro che sono gli ultimi del mondo; per lui è importante riflettere sulla natura della Chiesa, che è missione, cioè esiste per annunciare e testimoniare il Vangelo. Nell'essere in missione, la Chiesa deve vivere uno stile di povertà così come è stato indicato da Francesco: egli ha abbracciato la povertà, spogliandosi di tutti i beni in pubblico, nel momento in cui ha deciso di dedicarsi interamente a Cristo; Francesco è rimasto fedele a questa scelta che lo ha condotto a optare per ciò che è veramente importante. Per il Papa si deve evitare di cercare il consenso, contando solo sulla «bella figura», come se i cristiani fossero «torte» delle quali curare l'aspetto esteriore: questo può andare bene ma non appartiene alla vera tradizione del cristianesimo. Su questo punto insiste: la Chiesa corre il pericolo di ricercare la mondanità come strada per farsi amare, quando invece tale direzione è contraria, lontana da quella povertà evangelica di cui san Francesco è stato testimone. La ricerca della mondanità conduce alla vanità e all'orgoglio di guardare solo se stessi, commettendo un peccato di idolatria, secondo un modello raccontato tante volte nella Bibbia. Per il Papa l'esempio di Francesco deve aiutare la Chiesa a vincere la tentazione di credere che rincorrere la mondanità, cullarsi e nascondersi in essa, renda la Chiesa più forte, come qualcuno sostiene; proprio il gesto di spogliarsi di san Francesco mostra come questo sia totalmente falso. Francesco, infatti, compie questo segno quando è giovane, debole agli occhi del mondo, mentre lui è forte perché è sostenuto dallo Spirito di Dio: «È stata la forza di Dio che lo ha spinto a fare questo, la forza di Dio che voleva ricordarci quello che Gesù ci diceva sullo spirito del mondo, quello che Gesù ha pregato al Padre, perché il Padre ci salvasse dallo spirito del mondo». Il Papa chiede al Signore di dare a tutti i cristiani «il coraggio di spogliarci, ma non di 20 lire, spogliarci dello spirito del mondo, che è la lebbra, è il cancro della società»: ci si deve spogliare dello spirito del mondo che è il nemico di Gesù.

Anche in questo caso Bergoglio preferisce parlare a braccio e quindi il testo preparato viene consegnato ma non letto. Nella versione scritta, si sottolinea anche la necessità di vivere in povertà, sempre secondo il modello del santo, e si ricorda la figura di mons. Giuseppe Placido Nicolini (1877-1973)[9], il vescovo di Assisi che salvò centinaia di ebrei dalla persecuzione nazi-fascista facendoli nascondere nei conventi della diocesi: per il Santo Padre l'azione di mons. Nicolini, che proprio per questo è stato riconosciuto "giusto tra le nazioni", è un atto di spogliazione «che parte sempre dall'amore, dalla misericordia di Dio».

Spostatosi poi nella piazza San Francesco per presiedere la celebrazione eucaristica, nell'omelia il Pontefice si dichiara uno dei tanti «pellegrini» che devono ringraziare il Signore per il dono di Francesco: «L'incontro con Gesù lo portò a spogliarsi di una vita agiata e spensierata, per sposare "Madonna Povertà" e vivere da vero figlio del Padre che è nei cieli». Per l'Assisiate

---

[9] Per una biografia di mons. Nicolini, arricchita da documenti inediti, cfr. F. SANTUCCI, *Da Trento ad Assisi. Giuseppe Placido Nicolini, Vescovo della città serafica (1928-1973)*, Assisi 2014.

l'amore verso i poveri e l'imitazione di Cristo sono due elementi
uniti in modo inscindibile che hanno ancora molto da dire alla
Chiesa del XXI secolo. Innanzitutto la scelta di Francesco indica che «essere cristiani è un rapporto vitale con la Persona di
Gesù, è rivestirsi di Lui, è assimilazione a Lui», delineando un
cammino che parte dalla croce di Cristo; di questa, il santo di
Assisi aveva fatto esperienza nel pregare ai piedi del crocifisso
nella chiesa di San Damiano, un'esperienza che il Papa annuncia
di stare per ripetere. La venerazione del crocifisso parla di amore
«perché è l'Amore di Dio incarnato, e l'Amore non muore, anzi,
sconfigge il male e la morte. Chi si lascia guardare da Gesù crocifisso viene ri-creato, diventa una "nuova creatura"». Per questo
ci si deve rivolgere a san Francesco per chiedergli: «Insegnaci
a rimanere davanti al Crocifisso, a lasciarci guardare da Lui, a
lasciarci perdonare, ricreare dal suo amore».

La vita di Francesco ci insegna che «chi segue Cristo, riceve
la vera pace, quella che solo Lui, e non il mondo, ci può dare»;
in tanti associano il nome e la figura del Poverello alla pace ma
in pochi la vivono fino in fondo, tanto che ci si deve chiedere:
«Qual è la pace che Francesco ha accolto e vissuto e ci trasmet-
te?». Si tratta della pace di Cristo che è passata attraverso la
croce, la pace che è stata donata ai discepoli dopo la resurrezione. Non è quindi una pace "sdolcinata", perché questa non
appartiene all'esperienza di Francesco, e «neppure è una specie
di armonia panteistica con le energie del cosmo… Anche questo non è francescano! Anche questo non è francescano, ma è
un'idea che alcuni hanno costruito!». La pace di san Francesco
nasce da Cristo che si deve testimoniare con mitezza e umiltà
di cuore, rifiutando arroganza, presunzione e superbia. A questo
punto Bergoglio introduce il *Cantico delle creature*, che aiuta a
comprendere come la creazione vada rispettata in uno spirito
di armonia che conduce alla pace. Quindi un appello: «Cessino
i conflitti armati che insanguinano la terra, tacciano le armi e
dovunque l'odio ceda il posto all'amore, l'offesa al perdono e la
discordia all'unione»; l'appello deve essere forte e accorato dal

momento che già si odono le grida di coloro che «piangono, soffrono e muoiono a causa della violenza, del terrorismo o della guerra, in Terra Santa, tanto amata da san Francesco, in Siria, nell'intero Medio Oriente, in tutto il mondo». I cristiani devono rivolgersi a Francesco per chiedere la sua intercessione affinché nel mondo ci sia «armonia, pace e rispetto per il Creato!».

Dopo aver ricordato che, proprio il 4 ottobre, l'Italia celebra Francesco quale patrono, il Papa conclude la sua omelia con la preghiera del Poverello tratta dallo *Specchio della perfezione*, una preghiera per Assisi, per l'Italia e per il mondo: «Ti prego dunque, o Signore Gesù Cristo, padre delle misericordie, di non voler guardare alla nostra ingratitudine, ma di ricordarti sempre della sovrabbondante pietà che in [questa città] hai mostrato, affinché sia sempre il luogo e la dimora di quelli che veramente ti conoscono e glorificano il tuo nome benedetto e gloriosissimo nei secoli dei secoli. Amen».

Dopo la celebrazione eucaristica è la volta dell'incontro con il clero, le persone di vita consacrata e i membri dei consigli pastorali della diocesi di Assisi nella cattedrale di San Rufino. Bergoglio inizia la sua riflessione parlando dell'importanza del battesimo, dell'armonia della diversità, del ruolo del vescovo per la vita della comunità. Si sofferma poi su tre elementi che devono caratterizzare la comunità: ascoltare la Parola di Dio (una fonte straordinaria per la testimonianza di Cristo e per il rinnovamento della vita delle comunità), camminare (che ricorda a tutti i credenti la dimensione del pellegrinaggio che è centrale per l'esperienza di fede dei cristiani, consentendo loro di incontrare e di dialogare con altri fratelli nella fede e con il mondo), e annunciare Cristo fino alle periferie; quest'ultimo elemento costituisce la sfida del XXI secolo per l'evangelizzazione dal momento che consente ai cristiani di incontrare gli ultimi, cambiando il loro stile di vita per renderlo sempre più evangelico nella ricerca della povertà.

Nel programma così ricco di appuntamenti il Santo Padre riserva uno spazio per la preghiera silenziosa davanti al crocifisso di San Damiano, prima di un incontro con le monache di clausura, nella cappella del coro della basilica di Santa Chiara. In questo incontro, che si apre in modo estremamente familiare – «pensavo che questa riunione fosse come avevamo fatto due volte a Castel Gandolfo, nella sala capitolare, da solo con le suore ma, vi confesso, non ho il coraggio di mandare via i Cardinali. Facciamola così» –, papa Francesco parla anzitutto della vita di clausura che ha Cristo al centro «della vostra vita, della vostra penitenza, della vostra vita comunitaria, della vostra preghiera e anche della universalità della preghiera», e poi della «vita di comunità» che non è facile, dove si deve perdonare e sopportare, vegliando sul pericolo della divisione che va sconfitto con l'amore, così come deve accadere nella famiglia.

Chiude la giornata un incontro con i giovani e le loro domande sulla famiglia, il lavoro, la vocazione e la missione: nelle sue risposte il Papa sottolinea l'importanza di conoscere i tempi passati, la tradizione della Chiesa, per comprendere meglio le novità e le difficoltà dei tempi presenti dove, per tanti motivi, il cristiano fa fatica a vivere la sua fede; di fronte a questa situazione, ricorda quanto sia importante fare appello al Vangelo per superare le tentazioni, per non sentirsi mai soli, per scoprire, giorno dopo giorno, la propria vocazione, per vivere nel mondo Cristo. Al di là dei toni scherzosi – «ma qualcuno di voi può pensare: ma questo vescovo, che bravo! Abbiamo fatto la domanda e ha le risposte tutte pronte, scritte! Io ho ricevuto le domande alcuni giorni fa. Per questo le conosco» – sono due gli elementi che devono guidare la vita di ogni credente: «Pregare e camminare nella Chiesa».

Da Assisi si deve imparare ad ascoltare la voce di san Francesco e santa Chiara: «Il loro carisma continua a parlare a tanti giovani nel mondo intero: ragazzi e ragazze che lasciano tutto per seguire Gesù sulla via del Vangelo»; tutti, anche il Papa, si devono fare servitori del Vangelo, cioè devono annunciarlo e testimoniarlo perché esso «non riguarda solo la religione, riguarda l'uomo, tutto l'uomo, riguarda il mondo, la società, la civiltà

umana». Proprio alla luce di cosa ha fatto e detto san Francesco, vivere il Vangelo significa far crescere la fede e rinnovare la
Chiesa, sapendo che in questo modo si può cambiare anche la
società grazie a una presenza sempre più viva dei valori evangelici. Alla fine di questo incontro, che si conclude con la recita
del *Padre nostro*, papa Francesco chiede un «favore» ai giovani:
«Pregate per me».

Nella giornata trascorsa ad Assisi Bergoglio ha posto l'accento sull'esemplarità della figura di san Francesco per la vita della
Chiesa: la spogliazione da ogni ricchezza, la ricerca della povertà
evangelica, la testimonianza della croce, la lode del creato indi-
cano la strada che i cristiani devono percorrere per essere pellegrini del Vangelo, aperti a un dialogo con il quale rafforzare la
comunione, illuminando così la missione dell'evangelizzazione.
Si trattava di riaffermare le fonti dello "spirito di Assisi" in una
prospettiva di rinnovamento della Chiesa che doveva coinvolgere anche la dimensione del dialogo interreligioso, come condizione indispensabile per costruire la cultura dell'accoglienza con
la quale testimoniare la misericordia di Dio.

UNA PORTA PER IL DIALOGO
PAPA FRANCESCO E IL GIUBILEO
DELLA MISERICORDIA[10]

L'11 aprile 2015, nella basilica di San Pietro in Vaticano, in
occasione dei primi Vespri della domenica della Divina Misericordia papa Francesco rende pubblica la bolla d'indizione
del Giubileo della Misericordia. Aveva annunciato il Giubileo
il 13 marzo, durante la celebrazione della liturgia penitenziale,

---

[10] Cfr. PAPA FRANCESCO, *Il nome di Dio è misericordia. Una conversazione
con Andrea Tornielli*, Casale Monferrato (Al) 2016. Tra le molte cose scritte sul
Giubileo, suggestivo, nella sua sinteticità e per una lettura storica con alcune
brevi considerazioni sul presente, è L. SCARAFFIA, *Le porte del cielo. I giubilei e
la misericordia*, Bologna 2015.

quando aveva detto di aver pensato spesso «a come la Chiesa
possa rendere più evidente la sua missione di essere testimone
della misericordia»; per il Papa si trattava di iniziare il cammino di una conversione spirituale che doveva avere al centro
la misericordia di Dio. L'Anno Santo si sarebbe aperto l'8 dicembre 2015 per concludersi il 20 novembre 2016: un anno
da vivere «come una nuova tappa del cammino della Chiesa
nella sua missione di portare ad ogni persona il Vangelo della
misericordia». Il Giubileo sarebbe stato un tempo nel quale la
Chiesa da una parte avrebbe potuto ricevere misericordia per i
propri peccati e dall'altra offrire consolazione a uomini e donne,
aprendo così una molteplicità di prospettive per il perdono, la
riconciliazione, l'evangelizzazione, il dialogo e l'accoglienza.

In questa molteplicità di prospettive appariva centrale il richiamo al Concilio Vaticano II e alla sua recezione, come fonte sempre viva e ancora primaria in questa stagione della Chiesa, impegnata a costruire ponti al suo interno, con gli altri cristiani, con le
religioni e con la società contemporanea. Per il Papa, il Concilio
era stato un tempo straordinario per la vita della Chiesa: riflessioni e discussioni avevano portato a definire dei percorsi, alcuni
dei quali approdati nei documenti promulgati dai padri conciliari, per promuovere un «rinnovamento» della Chiesa nel suo
pensarsi e nel suo presentarsi alla luce della fedeltà alla tradizione plurisecolare e alle esigenze degli uomini e delle donne del
XX secolo. La ricerca dei «segni dei tempi» rappresentava una
sfida che, raccolta in Concilio, era poi rimasta ben presente ai
tanti che si erano confrontati con la complessa stagione della sua
recezione, quando erano emersi problemi nuovi che ponevano
nuove questioni alla Chiesa. Tra essi si poteva includere anche il
dialogo interreligioso e in questo si rimandava alla dichiarazione
Nostra aetate e alla sua recezione, che aveva avuto un passaggio
fondamentale nell'incontro di Assisi del 1986.

Per papa Francesco si doveva ripartire da *Nostra aetate* prima
di lanciarsi nella costruzione di nuovi ponti di dialogo per la
pace; la dichiarazione manteneva la sua attualità dal momento

che la sua lettura poteva aiutare a comprendere come affrontare la crescente interdipendenza dei popoli, così da coglierne le ricchezze. Sempre da *Nostra aetate* si poteva alimentare la ricerca di un senso della vita, della sofferenza, della morte da parte di uomini e donne che partivano dall'idea di condividere un'origine e un destino comuni, oltre che la convinzione dell'unicità del genere umano. La dichiarazione aveva indicato la strada per comprendere il ruolo delle religioni; ad esse la Chiesa Cattolica, a partire da *Nostra aetate* ma soprattutto grazie all'azione dei pontefici, si era rivolta cercando di metterne in evidenza la dimensione spirituale e morale per creare così le premesse di un dialogo interreligioso che fosse in grado di giocare un ruolo nella società condannando la violenza e promuovendo la pace.

Il Giubileo della Misericordia, così radicato nel Concilio Vaticano II e nella sua recezione, offriva quindi la possibilità, tra l'altro, di un ulteriore sviluppo del rapporto tra dialogo e pace per proseguire il percorso di purificazione della memoria nella Chiesa (per i tempi in cui questo dialogo non era stato possibile) e rafforzare un cammino comune con le religioni così da dare speranza e gioia all'umanità.

Si trattava di una riflessione che papa Francesco aveva maturato nel corso del suo pontificato in una serie di interventi: l'esortazione apostolica *Evangelii gaudium*, nella parte dedicata a "Il dialogo sociale come contributo per la pace"[11]; il suo viaggio in Albania, indicata come un luogo dove si fa esperienza

---

[11] Questa parte dell'esortazione comprendeva: "Il dialogo tra la fede, la ragione e le scienze" (242-243), "Il dialogo ecumenico" (244-246), "Le relazioni con l'Ebraismo" (247-249), "Il dialogo interreligioso" (250-254) e "Il dialogo sociale in un contesto di libertà religiosa" (255-258). Per una lettura complessiva dell'esortazione apostolica, cfr. *Evangelii gaudium. Il testo ci interroga: chiavi di lettura, testimonianze e prospettiva*, a cura di H. M. Yáñez, Roma 2014; per alcune considerazioni sul valore e sull'impatto del testo di papa Francesco sul dialogo ecumenico, cfr. D. Corner, "Some Ecumenical Implications of *Evangelii Gaudium*", in *Ecumenical Trends*, 43/3 (2014), pp. 1-15.

della riconciliazione interreligiosa (21 settembre 2014); la giornata passata a Sarajevo, e in particolare la preghiera interreligiosa (6 giugno 2015); l'incontro interreligioso al Memorial di Ground Zero a New York (25 settembre 2015); il viaggio in Africa, con i discorsi a Nairobi per l'incontro ecumenico e interreligioso, e poi a Bangui, di fronte alla comunità musulmana (25-30 novembre 2015); le celebrazioni per il 50° anniversario della promulgazione di *Nostra aetate*, dal convegno internazionale organizzato a Roma dall'International Council of Christians and Jews (30 giugno 2015)[12] all'udienza interreligiosa del 28 ottobre 2015; le condanne degli attentati di Parigi (13 novembre 2015) e di Bruxelles (22 marzo 2016); gli accorati appelli per trovare una soluzione alla morte dei migranti; la visita ecumenica nell'isola di Lesbo (15 aprile 2016), solo per evocarne alcuni. Tra questi passaggi, a mio avviso, di particolare importanza è stato il discorso pronunciato il 30 settembre 2013 in occasione dell'udienza ai partecipanti all'incontro internazionale per la pace promosso dalla Comunità di Sant'Egidio.

Questo discorso si apre con un ringraziamento alla Comunità «per aver seguito con tenacia la strada tracciata dal Beato Giovanni Paolo II nello storico incontro di Assisi: conservare accesa la lampada della speranza, pregando e lavorando per la pace». Il gesto di Giovanni Paolo II avvenne in un tempo nel quale il mondo viveva nella contrapposizione tra blocchi ideologici che determinava una situazione di tensioni latenti, di crescita delle spese militari, di costruzione di arsenali; in tale situazione Wojtyła «invitò i leader religiosi a pregare per la pace: non più gli uni contro gli altri, ma gli uni accanto agli altri». Si trattava di

---

[12] Gli atti di questo convegno sono stati pubblicati in un numero monografico del *Bollettino dell'amicizia ebraico-cristiana* (2015); per una cronaca del convegno, cfr. T. Scarso, "Per i 50 anni di *Nostra Aetate*. Il convegno dell'International Council of Christians and Jews a Roma", in *Colloquia Mediterranea*, 5 (2015), pp. 347-350.

proseguire la strada già intrapresa con alcuni e di aprirne una del
tutto nuova con altri, per un dialogo tra le religioni che potesse
interagire con la società; proprio perché Assisi era stato pensato
come una porta da aprire, era stato quasi inevitabile che da questo incontro ne nascessero altri, non lasciando isolata l'iniziativa
voluta da Giovanni Paolo II.

Papa Francesco ricorda che la Comunità di Sant'Egidio ha
continuato questo cammino, accrescendone lo slancio dopo essere riuscita a coinvolgere «significative personalità di tutte le
religioni ed esponenti laici e umanisti» in uno spirito di dialogo.
L'opera della Comunità ha un valore del tutto particolare, tanto
più nel momento in cui il Papa pronuncia questo discorso, come
lui stesso ricorda; infatti il mondo «ha bisogno dello "spirito" che
ha animato quello storico incontro», dal momento che la violenza è così diffusa da generare dolore nei popoli, «ostaggio della
guerra, della miseria, dello sfruttamento». Di fronte a questa situazione, tragicamente segnata dalla morte e dalla desolazione,
il Papa invita a non rassegnarsi: «Non possiamo assistere in-
differenti e impotenti al dramma di bambini, famiglie, anziani,
colpiti dalla violenza. Non possiamo lasciare che il terrorismo
imprigioni il cuore di pochi violenti per seminare dolore e morte
a tanti». Si deve ripetere con forza e con chiarezza, senza aver
paura di farlo, che non ci può essere nessun tipo di giustificazione alla violenza da parte della religione. Si tratta di riprendere
quanto Benedetto XVI aveva sostenuto nel 2011, quando era
tornato ad Assisi per celebrare il 25° anniversario dell'incontro
del 1986: si deve «cancellare ogni forma di violenza motivata
religiosamente, e insieme vigilare affinché il mondo non cada
preda di quella violenza che è contenuta in ogni progetto di
civiltà che si basa sul "no" a Dio».

Papa Francesco passa quindi a indicare cosa le religioni possono fare insieme per la pace, che è una responsabilità che coinvolge tutti e non solo coloro che sono costretti a vivere nella
guerra o a confrontarsi con la violenza. Le religioni devono
«pregare per la pace, lavorare per la pace»: deve essere chiaro a

tutti che «un leader religioso è sempre uomo o donna di pace, perché il comandamento della pace è inscritto nel profondo delle tradizioni religiose, che rappresentiamo». Una volta riconosciuta questa realtà, si deve decidere cosa fare concretamente, come agire; l'esperienza degli incontri annuali della Comunità di Sant'Egidio mostra che c'è solo una strada: vivere «il coraggio del dialogo». Il dialogo alimenta la speranza che, per papa Francesco, non va confusa con l'ottimismo: nella società contemporanea si avverte una mancanza, una carenza di dialogo, e senza di esso non si può costruire la pace; non c'è dialogo perché prevale il desiderio di rimanere chiusi dentro l'orizzonte dei propri interessi, evitando il confronto.

Per la pace è necessario «un dialogo tenace, paziente, forte, intelligente, per il quale niente è perduto»: proprio per questo dobbiamo essere convinti che il dialogo è in grado di sconfiggere la guerra, poiché consente di mettere insieme esperienze diverse che spesso non parlano, non vogliono parlare, che vivono separate. Il dialogo mette insieme uomini e donne che provengono da contesti culturali, religiosi, geografici diversi, aprendo delle strade che conducono alla pace: «Il dialogo favorisce l'intesa, l'armonia, la concordia, la pace». Il fatto che questa dipenda così tanto dal dialogo deve guidare le religioni nella loro opera per farlo crescere, tanto più quando le persone appartengono a mondi diversi; l'obiettivo è favorire la creazione di «una rete di pace che protegge il mondo, e soprattutto protegge i più deboli».

Nella costruzione della pace i leader religiosi hanno una responsabilità del tutto particolare; infatti non possono essere semplicemente degli intermediari che «cercano di fare sconti a tutte le parti, al fine di ottenere un guadagno per sé», ma devono proporsi ed essere degli «autentici mediatori»: «Il mediatore è colui che non trattiene nulla per sé, ma si spende generosamente, fino a consumarsi, sapendo che l'unico guadagno è quello della pace». Ogni leader è chiamato a essere un «artigiano della pace», che opera ogni giorno «unendo e non dividendo, estinguendo l'odio e non conservandolo, aprendo le vie del dialogo e non innalzando nuovi muri».

Il primo incontro di Assisi ha lasciato un'eredità che è cresciuta anno dopo anno grazie al contributo di tanti; tra questi un posto del tutto speciale spetta alla Comunità di Sant'Egidio: questa eredità mostra però quanto «il dialogo sia legato intimamente alla preghiera di ciascuno: dialogo e preghiera crescono o deperiscono insieme».

Il dialogo si alimenta proprio dalla relazione dell'uomo con Dio, che può essere considerata una sorta di scuola: Bergoglio cita esplicitamente Paolo VI, che «parlava della "origine trascendente del dialogo" e diceva: "La religione è di natura sua un rapporto tra Dio e l'uomo. La preghiera esprime mediante il dialogo questo rapporto"», come si può leggere nell'enciclica *Ecclesiam suam*. L'esempio di Montini, con le sue parole e i suoi gesti che invitano a porre al centro del dialogo l'abbandono in Dio, deve sostenere i cristiani in ciò che devono fare per il mondo contemporaneo: papa Francesco ricorda che si deve continuare a pregare «per la pace del mondo, per la pace in Siria, per la pace nel Medio Oriente, per la pace in tanti Paesi del mondo». Il coraggio di pace, del quale i cristiani devono essere portatori, deve offrire il coraggio della speranza a tutti coloro che vivono il dramma della guerra, soprattutto ai giovani «che guardano preoccupati il loro futuro». E alla fine suggerisce: «Che adesso ciascuno di noi, tutti noi, alla presenza di Dio, in silenzio, tutti noi, ci auguriamo vicendevolmente la pace».

Da questo discorso, che può essere considerato esemplare del pensiero di papa Bergoglio sul rapporto tra dialogo e pace, emerge quanto presente sia l'eredità di Assisi nel formulare la richiesta alle religioni di costruire insieme una cultura dell'accoglienza; una cultura fondata su un dialogo che non dipenda da interessi personali, che non risponda a logiche economiche, ma sia il frutto di un coraggio che dà speranza per il domani, affidando tutto e tutti nelle mani di Dio per condannare la violenza e testimoniare l'amore per il creato.

CONCLUSIONI

Lo duca e io per quel cammino ascoso
intrammo a ritornar nel chiaro mondo;
e sanza cura aver d'alcun riposo,
salimmo sù, el primo e io secondo,
tanto ch'i' vidi de le cose belle
che porta 'l ciel, per un pertugio tondo.
E quindi uscimmo a riveder le stelle.
DANTE, *Inferno*, Canto XXXIV, vv. 133-139

Dopo secoli di silenzi, di condanne, di intolleranze e di sofferenze materiali e spirituali le religioni hanno cominciato a dialogare, iniziando un percorso, pieno di curve e di buche, nel quale pesava, e per tanti versi pesa ancora, la memoria storica degli scontri che hanno insanguinato i loro rapporti per secoli. Anche se prima non erano mancati uomini e donne che avevano cercato il dialogo proprio per vivere la religione, è solo con il XX secolo che la situazione comincia a cambiare, con tempi e modalità molto diversi da luogo a luogo, anche grazie alla spinta del movimento ecumenico contemporaneo. Infatti la riflessione su come vivere l'unità dell'annuncio di Cristo nella diversità delle singole tradizioni (e con il rispetto nei confronti delle culture locali) non solo aveva portato alla comprensione di quanto fosse importante chiudere la stagione dell'apologetica autoreferenziale, ma anche alla necessità di trovare spazi da condividere con le altre fedi, partendo da una conoscenza diretta dei rispettivi universi spirituali. Fin dai primi timidi tentativi, via via sempre più strutturati, fu chiaro che non era un percorso semplice per tanti motivi, *in primis* il fatto che le religioni vivevano nel mondo e quindi il dialogo risentiva anche della situazione geopolitica in cui si svolgeva (tanto più quando si trattava di paesi alle prese con il processo di decolonizzazione). Nonostante difficoltà, incertezze e timori, la strada per un dialogo tra le religioni sembrava una scelta dalla quale non si poteva tornare indietro, soprattutto dopo che si erano venuti definendo tempi e spazi di collaborazione. In questo contesto la celebrazione del Concilio Vaticano II portò a un ulteriore salto qualitativo. Infatti, anche se c'erano già stati iniziative e incontri, spesso legati a esperienze personali, il Vaticano II definì una metodologia per iniziare e per sviluppare un dialogo con le «religioni non-cristiane» (un'espressione che manifestava la cautela con la quale ci si accostava a questo tema).

L'esperienza degli anni del Concilio, dalla redazione della dichiarazione *Nostra aetate* ai gesti e alle parole di Paolo VI per il dialogo, fino alla creazione di un Segretariato per le religioni non cristiane, ha segnato profondamente coloro che vi hanno preso parte, ponendo domande nuove in una stagione inedita per il dialogo ecumenico, interreligioso e interculturale, in un mondo però ancora "vecchio", legato alle logiche emerse dalla Seconda guerra mondiale (come se queste fossero immodificabili, se non nella moltiplicazione dei muri e nell'apertura di ulteriori scenari di conflitto).

A questa esperienza conciliare ha fatto tante volte riferimento Giovanni Paolo II che, anche nella promozione del dialogo tra le fedi, ha aperto strade non solo completamente nuove, ma del tutto inaspettate, convocando ad Assisi un incontro di preghiera per le religioni. Questo incontro ha segnato i rapporti tra di esse poiché ha indicato con forza e con chiarezza un cammino da percorrere senza indecisione, nel rispetto delle loro identità, per giocare un ruolo da protagoniste nella società contemporanea. Giovanni Paolo II ha chiesto alle religioni di assumersi il compito di costruire la pace, in un'epoca storica nella quale la pace era vista come un'utopia da un mondo che sembrava voler fare a meno proprio della religione, pensata come il lascito di un pas-

sato nel quale non esisteva il "moderno liberale". Papa Wojtyła
ha indicato tale compito evocando la figura di san Francesco
d'Assisi, che aveva compiuto gesti straordinari per il dialogo e
l'accoglienza, senza mai rinunciare alla sua missione: annunciare
il Vangelo in nome della povertà, che per lui era il risultato della
scelta di aver abbracciato la croce di Cristo spogliandosi di ogni
cosa terrena.

La rilettura di Francesco e il ripartire da Assisi hanno sostenuto il cammino indicato da Giovanni Paolo per le religioni: in
questo cammino esse hanno trovato conforto e sostegno nello
"spirito di Assisi", così come è stata definita l'eredità dell'incontro del 1986, con tutte le speranze e le critiche che ne hanno
accompagnato la recezione.

Al di là dei risultati concreti che si possono attribuire a quella storica Giornata e alla diffusione dello "spirito di Assisi",
Wojtyła ha istituito una tradizione che poi lui stesso ha rinnovato, tornando nella cittadina umbra a pregare per la pace in
due momenti particolarmente tragici (la guerra in Iugoslavia e
la seconda guerra del Golfo); una tradizione che Benedetto XVI
ha proseguito, pur introducendo alcune modifiche in occasione
del 25° anniversario, e che papa Francesco ha "aggiornato" rilanciando l'idea che le religioni, a cominciare dai cristiani, sono
chiamate a costruire la pace, scegliendo la strada dell'accoglienza e denunciando, senza se e senza ma, chiunque pensi di giustificare la violenza con la religione, nascondendosi nella «selva
oscura» dell'ignoranza.

Proprio a partire da quell'incontro di Assisi del 27 ottobre
1986 – preceduto, accompagnato e seguito da tante nubi, qualche fulmine e molti arcobaleni – la Chiesa Cattolica ha scelto di vivere il dialogo con le altre fedi per costruire la pace,
superando pregiudizi vecchi e nuovi, favorendo la conoscenza
reciproca, condividendo valori spirituali, pensando insieme alla
salvaguardia del creato, promuovendo la riconciliazione delle
memorie senza rinunciare alla libertà di annunciare il Vangelo.
Di fronte allo slogan dello "scontro di civiltà", tanto accattivan-

te da un punto di vista mediatico e utile per l'industria bellica quanto inefficace per comprendere la complessità della realtà, la Chiesa ha scelto la strada del dialogo senza nascondersi le difficoltà, ma nella consapevolezza che solo attraverso di esso possa risplendere la luce di Cristo nel mondo e si possa vivere l'armonia della pace; si tratta così di percorrere le strade del dialogo, una volta presa la decisione di essere pellegrina nel mondo, affidando alla preghiera ogni cosa, dal momento che proprio l'amore di Dio per il mondo sostiene gli uomini e le donne nella costruzione della pace.

Dopo aver conosciuto "l'inferno", lo "spirito di Assisi" ha consentito e consente di «rivedere le stelle» in grado di guidare chi si lascia alle spalle odio, risentimenti, pregiudizi, e si spoglia di ricchezze e certezze materiali per proseguire il cammino che l'incontro del 1986 ha contribuito a rendere nuovo e irreversibile. Assisi, anche alla luce della tradizione di e su san Francesco, chiede alla religione di essere "pellegrina" nel mondo e di portare in esso, con gioia e con speranza, il patrimonio spirituale della propria identità, con la quale costruire ponti al servizio della pace.